安藤忠雄

都市と自然

A.D.A. EDITA Tokyo

目次

第二章　環境を意識すると建築も拡がっていく

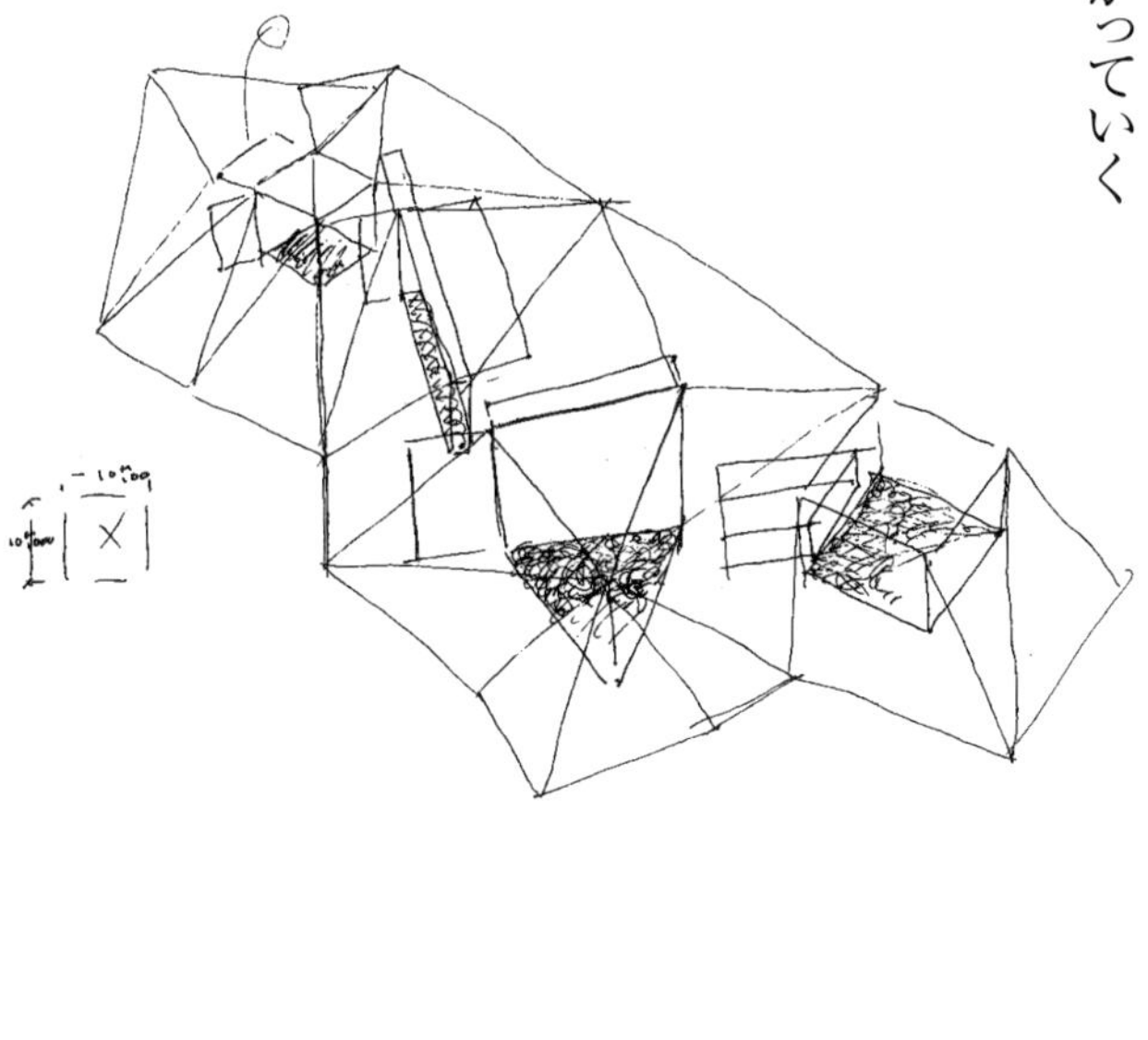

第三章　世界の中の風土

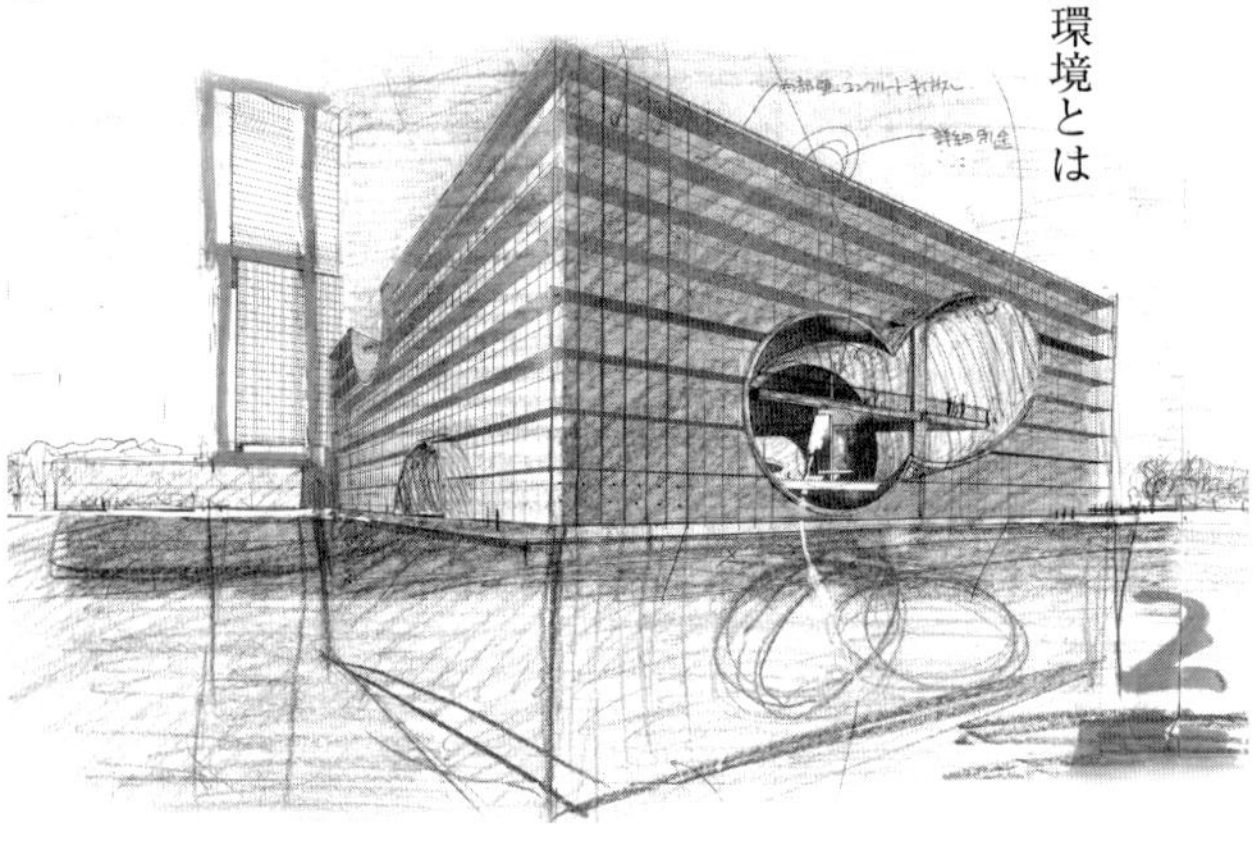

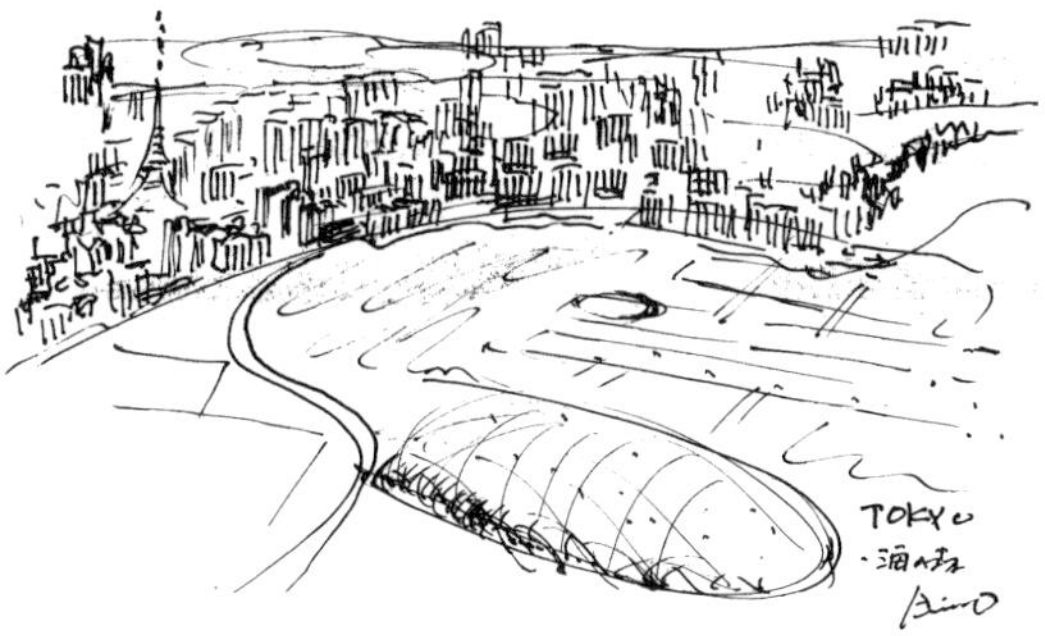

TOKYO

時間とともに成長する建築

安藤忠雄

「建築に何ができるのか」その可能性を考えたとき、思い浮かぶのは、やはりル・コルビュジエの晩年の傑作、「ロンシャンの礼拝堂」の空間である。

ゆるやかな丘陵の上に、その地形に応えるように立ち上がる湾曲する壁の造形。その壁が包み込む、驚くべき光の空間。何度目かに訪れたとき、ミサの場面に遭遇した。あらゆる種類の光に満たされた、その非日常の空間の中で、人々が一心に祈り、歌っている。この光景が、延々と繰り返され、未来にまで続いていくんだと考えたとき「これが建築なのだ」という感動と共に「いつか自分も、人が集まって何かを生み出せるような場所をつくりたい」と心に願った。その偉大な空間への強い憧憬の念を抱きながら、今日まで建築活動を続けてきた。

その「ロンシャンの礼拝堂」の増築として、現在、レンゾ・ピアノの手によるビジターセンターの建設が進んでいる。現場に、設計のコンセプトを説明する図面、模型が丁寧に展示されている。既存の礼拝堂の風景を損なわぬよう、新しい建物は地形に埋め込むような計画で、礼

ル・コルビュジエ：ロンシャンの礼拝堂

拝堂に対するピアノの強い敬意が感じられる。

ピアノは、テキサスにあるルイス・カーンの「キンベル美術館」の増築も手掛けており、こちらも昨二〇一〇年から工事が進んでいる。「ロンシャン」同様に、既存の建物によく配慮した設計で、長年進まなかった増築の計画が、その穏やかな新旧の対話の提案によって、ついに動きだした。

巨匠の残した現代建築の遺産と対峙しながら、自らの建築を考える――ピアノの緊張と不安は、想像に難くない。私自身、かつて「キンベル」のすぐ隣の敷地に美術館（「フォートワース美術館」）をつくるという経験をしているからだ。

「フォートワース美術館」は、一九九七年に行われた国際コンペにより私たちの参加が決まったものだった。都市公園の一部を成す、四万平方メートルを超える広大な敷地の性格付けと、当然のことながら、隣に「キンベル」という現代の古典が建っている事実をどう考えるかが、コンペの争点だった。

私は敷地全体を水と緑に包まれた「芸術の森」とした上で、その森の中の水面に、カーンの建築のエッセンスを凝縮し、私なりの方法で抽象化させたような建築を浮かべることを提案した。「キンベル」の持つ、全体から部分にまで一貫する美しい建築の秩序。心地よいリズム感と、シンプルな構成の中に展開する考え抜かれた光の空間。その豊かな空間性を受け止めつつ、それにいかなる答えを返して、新たな場所をつくるか――考えた結果が、コンクリートとガラスの二重皮膜構造のリニアなボックスを、ランドスケープに沿わせるように並列する、「フォートワース美術館」の構成だった。

二〇〇二年の完成から一〇年余り、樹木も随分と大きくなり、当初考えた「芸術の森」のイメージにより近づきつつある。市民は、「キンベル」と「フォートワース」を中心とした一帯を文字通りの「オアシス」と考えてくれているようで、休日には相当な人でにぎわう。ピアノの「キンベル増築」は、そのほとんどを地下空間として、地上部分はランドスケープと一体化した旧美術館への贅沢なアプローチとなるようだ。完成すれば、さらに場所の回遊性が増し、より豊かな「オアシス」が生まれることだろう。

「ロンシャン」の丘もまた、近代建築の巨匠と現代建築家との時間を超えた対話を経て、新たな成長を遂げるに違いない。こうして、建築を通じて、過去から現代、未来へと時間がつな

上にフォートワース美術館、下にカーンによるキンベル美術館

がれていく。「いのちある場所」が育てられていく。

私は、建築とは、それ単体では存在しえないものであり、常に周囲の環境を含めて、その存在が場所にどのような作用をもたらすか、という視点で語られるべきものだと考えている。一つの造形物としてではなく、環境を形成する一要素として新たにつくる建物を捉える。そこから、地形や近くを流れる河川といった自然の環境要素、あるいは敷地に残る旧い建物の記憶といったその場所独自の文脈を計画に取り入れること――私流に言うと「場所を味方につける」発想が生まれる。この建築による対話を重ねていく中で、場所に「いのち」が宿る。

無論、小規模の建築で、いかに場所を考え、都市への提案を試みても、その影響力は大きくない。建築を通じて場所を育てる、街をつくっていくのは理想論でしかないと思う人もいるだろう。

だが、ときに小さな点としてつくられていった建築が、一つのネットワークとしてその場所に大きな力を及ぼすことがある。私自身の仕事で言えば、一九七〇年代から八〇年代にかけて手掛けた、神戸の北野町の一連のプロジェクトがそれにあたる。

神戸の異人館で知られる北野町の存在を知ったのは、本格的な建築活動をスタートする以前の、一九六〇年代の半ばだった。神戸で店舗内装などの仕事をする中でこの町を知り、ハイカラな時代の空気を伝える異人館の風景が気に入って、よく歩いた。当時はまだ、人気もなかった。

それが一九七〇年代に入ったあたりから、高度経済成長の建設ラッシュの波に襲われ、無粋なビルやマンションによって、古い街並みが破壊され始めた。

私は、所有者を一軒一軒回り、旧い建物を壊さず、生かすようにしていこう、と異人館の保存再生の提案を持ちかけて回った。無論、すぐに成果は上がらなかったが、数年間続ける中で、北野町での仕事の依頼を受けるようになった。その最初の建物が「ローズ・ガーデン」である。建築界では、パブリックの建築が王道で、商業施設は軽視される傾向にあったが、私は、生活に身近な〈商業〉にこそ都市建築の可能性を見出していた。そして〈街並み保存〉をテーマとして、控えめな佇まいでレンガの壁、切妻屋根のデザインなど旧い街並みのイメージを部分で受け継ぎつつ、建物の内部に、街並を引き込んだような小さな「広場」や「道」をつくって、街とつながる建築を提案した。

このとき「神戸の北野町で、三〇年の間に三〇個の建物に関われるならば、その一年目と三〇年目の仕事を、イメージとして確実に連続させたい」と考えた。一つの場所にとどまり、つくり続けることで、私なりの場所づくりを試みよう、街を育てていこうと考えたのである。

「ローズ・ガーデン」は一九七七年に完成、偶然にも同年あるテレビ番組をきっかけに北野町が一般の注目を集めるようになり、乱開発の機運はストップした。その後は、落ち着いた雰囲気のファッションビルが競ってつくられるようになり、私も機会に恵まれて、約一〇年間で合計八件の建築を設計した。無論、コンセプトは、一貫して「街と建築の連続」だ。こうして、小さな点を一つひとつ結んでいくようなまちづくりが始まり——結果、北野町は旧い建物と現代の感性が同居する、新しい観光地として生まれ変わった。

「北野町」で試みた「建築による場所づくり」というテーマは、その後も場所と状況を変えて貫かれている。強い個性を持つ場所での建築の機会に恵まれたら、まず周辺を含めたその場所全体がどうあるべきかを考える。必要ならば、敷地境界を超えた部分までアイディアを拡張させ、依頼を受けた設計がまとまったなら、頼まれずともその隣に新たな建築を構想

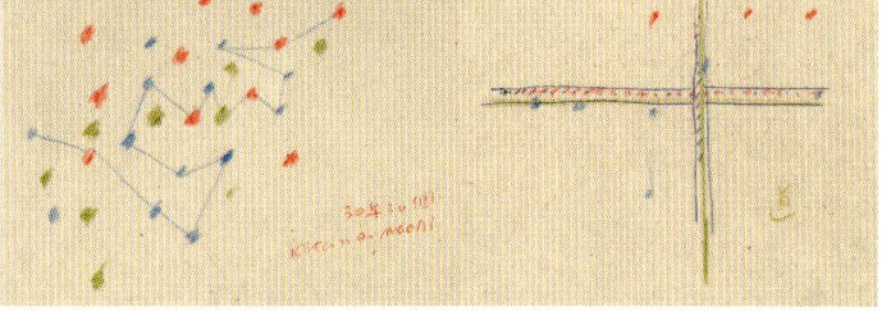

北野町に小さい点を加え、それがネットワーク化する

する。こうした仕掛けを、プロジェクトの仕事としての時間軸にとらわれることなく、粘り強く続けていく中で、京都の「TIME'S」や「大山崎山荘美術館」、「姫路文学館」、岡山県の「成羽町美術館」といったいくつかのプロジェクトの増築計画がスタートし、六甲では三〇年余りをかけて、事業者を変えてⅣ期の斜面地建築プロジェクトを手掛けることとなった。東京の仙川でも、都市計画道路により分断された、全長五〇〇メートルの敷地に、同じく事業者の異なる五つのプロジェクトが、ハナミズキの街路樹と共に完成し、現在もう二つのプロジェクトが進行中にある。ヴェネツィアでも、「パラッツォ・グラッシ」から「プンタ・デラ・ドガーナ」、今現在計画中の「テアトリーノ」と、大運河に沿って三つの建物を計画、歴史都市に水上の文化ネットワークをつくるという意義ある仕事に関わることができた。

こうした、長期にわたる「建築の増殖」ともいうべき場所づくりが、最もダイナミックに展開し、最も多大な影響を地域に及ぼしつつ展開したのは、やはり一九八〇年代に始まった直島での一連のプロジェクトだろう。

直島との関わりは一九八七年、ベネッセ・コーポレーションの福武總一郎氏が「瀬戸内の直島を、世界に誇れる自然と文化の島にしたい」と、我々を訪ねて来られたときから始まった。数日後、実際に直島を初めて訪れたときは、離島というアクセスの悪さと、何より島を支えた金属精錬産業の影響で荒廃した自然環境に驚き、現実の厳しさを思ったが、現地で福武氏の思いの強さを再認識し、建築家として参加することを決意した。

以来今日まで二〇年余り、一九八八年の国際キャンプ場の監修に始まって、一九九二年に「ベネッセハウス・ミュージアム」が完成、そのアネックスとしての「オーバル」が一九九五年に完成し、その後も一九九九年の「家プロジェクト・南寺」、二〇〇四年の「地中美術館」、二〇〇六年の「ベネッセハウス・ビーチ／パーク」、さらに昨二〇一〇年には「李禹煥《リー・ウーファン》美術館」と、計七件もの建築に関わってきた。

ここで一貫して意識してきたのは、自然の地形、風景を壊さぬよう、建築を地形に沿って沈めるというアイディアである。時間をかけて、段階的に建設されていく過程で「自然に埋没する建築」というイメージは、一層確かさを増したように思う。その〈地中〉のアイディアを突き詰め、究極のアートスペースをつくるべく構想された「地中美術館」が、直島での一連の文化活動の、一つの節目となった。

直島の場所づくりがユニークなのは、いわゆるマスタープランに従って予定調和的につくっていく、従来の開発手法は用いられていない点である。自然の地形、歴史、風土といった場所との〈対話〉、プロジェクトに関わるさまざまな立場の人間との〈対話〉を重ねながら、時間をかけて少しずつ場を拡張していく。

この継続的な〈対話〉による場所づくりのプロセスの象徴が、「ミュージアム」から三キロメートルほど離れた島で最も旧い集落、本村地区での「家プロジェクト」だった。江戸から明治にかけてつくられた民家を修復して、その中に現代アート作品を入れ込んでいく。この新しい形の古民家の保存、再生の試みは、アートとしてのおもしろさ以上に、過疎化と高齢化で生命力を失いつつあった街に、活気と未来への希望を取り戻すという意味を持った。

蘇った民家を前に、まず老人と若者との対話が生まれ、観光客と地元住民との交流が始まり――人々の心に自分たちの住む場所に対する自信と誇りが蘇った。ここにおいて、福武氏の企てたアートプロジェクトは、現代アートによるまちづくりという奇跡を起こすに至った。

建築家にとっての一つの仕事の終わりをいつにするか、考え方は人ぞれぞれだろうが、私は建物が完成した後も、それが建ち続ける限りは、終わりではないと考えている。植栽樹木等のランドスケープを含めた建物のメンテナンス、あるいは建物の運営企画にまで、建築家として参画していくという意味は勿論のことだが、何よりも、一つの場所に建築を通じて踏み込んでいき、その場所にとどまって考え続けることで、はじめて見えてくる建築の可能性は確かにあるのだ。その場所への思い、建築を育てていく意識の継続が、自分たちの未来にもつながっていく。

数年前から、アジア圏での仕事に、本格的に取り組むようになっている。現在の国際社会の中心的存在となりつつある中国でも、北京、上海、海南島などで、いくつかのプロジェクトが進行中だ。

これらの仕事を通じて改めて思い知ったのは、日本と中国の文化の違いである。経済力、政治力共に成長著しい時期だからということもあるのだろうが、それにしても、それぞれのプロジェクトの進行過程が日本とは比較にならないくらいにエネルギッシュでスピーディだ。リゾート地での大規模なホテルコンプレックスの計画を、インフラなどの開発計画と同時進行でスタートしていたり、プログラムや運営の詳細も未確定の状態で、国家級の美術館の計画が進んでいたり――ともかく、実現に向けて走り出すことが第一で、問題は進めながら解決していこう、という姿勢を感じる。

慎重過ぎるともいえる日本の仕事のやり方に慣れている人間としては、それを不安に思う一方で、頼もしくも感じるのだが、気になるのはやはり、その勢いのまま、実際に建築をつくる過程までもが一気に進んでしまうのではないかというところだ。

全体と部分ともに確かな質を持つ、すぐれた建築の実現のためには、施工前の徹底した図面検討と、綿密な施工管理が必要である。これが、スピード感あふれる中国の現場ではなかなか難しい。建築家が全体をコントロール仕切れないまま、前へ前へと物事が進んでいってしまう。

といって、私は、中国での仕事に、日本でつくるのと全く同じ質を求めているのではない。守るべきは建築に込めた意図の確かな実現であり、施工の精度や仕上がりの是非は本質的な問題ではない。むしろ、中国ならではのパワフルな感性がいかに建築の表情として表れるか、楽しみに思う気持ちもある。

そうした技術的問題以上に、中国での仕事に際し課題と考えているのは、これまで述べてきたような「建築を育てる」という感性を中国の人々とも共有し、共に「時間と共に成長する建築」をつくっていくことである。無論、ここでいう「成長」とは、時間と共に周辺環境とより強く結びついていく建築の在り方であり、「育てる」とは、大切にその建物を使い続けながら、その場所の生命感を強めていくことだ。

中国には、徹底したシンメトリーの表現や、大自然に拮抗する圧倒的なスケール感覚、独自の造形感覚や素材感覚など、大国ならではの力強い建築的感性がある。これをいかに生かし、中国のすぐれた文化を現代建築で表現するかが、中国の現代建築の最大のテーマだが、その一つの手掛かりとして、時間をかけた建築のプロセス、人間生活を含めたその場所との対話を重ねながらつくっていく段階的な建設手法があると思う。むしろ、時間をかけて、単体の建築ではなく、それを含めた場所全体の個性を育てていって初めて、中国にしかできない建築の姿というものが見えてくるのではないだろうか。

中国で現在関わっているプロジェクトの多くは、何もない場所に新たな街をつくるような大開発計画の一部を成すものだ。それらに対し、私は建築と同時に、敷地周辺を含めたランドスケープのあり方、建築を含めた場所全体が将来的にどのような方向に向かっていくべきかを考え、そのために必要なソフトのプログラムなども提案する姿勢で臨んでいる。

デザインの目新しさや、大胆な形態表現だけをテーマにするならば、建物の竣工時点が、建築家のゴールになるだろう。しかし、私にとっては、建物の完成は、建築のもう一つの始まりだ。つくりあげた建物がいかに地域に溶け込んで、人々の文化的生活を潤していくか、その過程にまで責任を持つのが、私の考える建築家の役割である。

常に一〇年先、二〇年先の未来を考え、完成後も手をかけて見守っていけば、時を経ることで建築はより美しく、力強く「成長する」ことができる。この建築の「いのち」に対する考え方が、私の建築観の根幹にある。

どんな場所の、どんな状況での建築であっても、この思いに変わりはない。

第一章　都市の中の環境風土

環境を取り巻く状況の変化

――安藤さんの住宅についての思考の軌跡を伺った本をまとめ終わった時に、まさに東日本大震災が起こりました。その前から予定されていた今回の本では、「都市と自然」へのアプローチを伺っていきたいのですが、震災後の社会状況の中で、これまでの安藤さんの環境に対する眼差しや継続した取り組みの意味も変わってくるかもしれません。

直接の関わりとしては、震災の復興構想会議に参加されていますよね。


安藤　二〇一一年六月末に提言がまとまりましたが、やはり大変なのはこれからです。

復興構想会議は、神戸大学の名誉教授で、今は防衛大学の学長をされている五百旗頭真さんを議長に、東京大学教授の御厨貴さんをはじめ、福島、岩手、宮城三県の知事や各分野の有識者、特別顧問の哲学者、梅原猛さんなど、十六人の委員から構成されました。

「構想」という名の通り、二〇三〇年、二〇五〇年といった、少し大きな日本の未来について考えるべき会議でした。かといって、抽象的なイメージだけでは何の意味もないですから、技術的な実務に関わる者として、三つの意見を発言したんです。構想会議の提言には、その全てがそのまま反映されたわけではないのですが……。ひとつは「エネルギー政策の方向性の表明」。それから「復興経済特区の設定」。もうひとつは、「鎮魂の森」を育てること。それに、将来を担う子どもを支える遺児育英資金があれば、「復興」の骨格になるだろうと。

その中で一番大きな問題は、やはり原子力発電です。海外で会う人たちにも、日本からエネルギーが足りなくなるのではないかと心配されていると感じる。結果、企業が日本から出ていっている状況だそうです。

――自然エネルギーを積極的に利用した、新エネルギーが注目を集めています。

安藤　現在のエネルギー量の約三〇％が原子力発電によるものです。一方、風力や太陽光といった自然エネルギーは一％程度。三〇％が突然ゼロになることは現実的ではありませんから、そのエネルギーのつくり方と使い方の両方を、具体的に話をする必要があると思いました。例えば、二〇三〇年までに一％の自然エネルギーを七・五％にしようと。それに現在使いすぎているものを見直して、七・五％省エネルギーをする。そこで、十五％分のエネルギーの余裕ができたら、十五％の原子力を止める。それなら、一般の人が聞いても、「そうかな」、「できるな」と思えるんじゃないかな。そのような方向性を表明しないと説得力がないし、エネルギーが不安定な国からは、企業は出ていくでしょう。

それから、復興特区については、被災地を整地しても、新たな産業はすぐにやってくるわけではないと思うのです。それだけでなく、今いる工場なども、移転していくに違いない。ならば、今すぐにでも経済特区としてインセンティブを与えて、税法上なり有利になるようなサポートをしていかないと、動き続けている経済に対応できないと思うのです。

この二点については、残念ながら、あまり具体的な提言にはなりませんでした。復興構想会議では、最初の時点で、原子力については議論の対象ではないとされていたこともあるかもしれません。委員の方々の努力によって、議論され、提言にも入っているのですが、あまり踏み込めなかったという印象です。

一方で、「鎮魂の森」については、みんな賛成してくれましたね(笑)。三県の知事も、それぞれの県でやろうと言ってくれました。単なるモニュメントの築造ではなく、時間を掛けて、本格的な森を育てていく……。まずはがれきの間に土を入れて、幅一〇〇メートル、長さ一キロくらいで、全てタンポポとかナノハナ、スミレ、レンゲ、ヒマワリといった、花で覆われた空間をつくれないかと考えています。それなら、いろいろな人に種まきや水やりなども協力してもらいながら実現できる。被災地の人々と一緒に、自分たちの町として関わっていけるようなものを生み出していきたいと思っているのです。

――遺児育英資金については、指揮者の小澤征爾さんや、ノーベル賞受賞者の小柴昌俊さん、野依良治さんと記者会見されて、「桃・柿育英会」を設立されていましたね。

安藤　呼びかけ人として他に、サントリーの佐治信忠さん、ユニクロの柳井正さん、ベネッセの福武總一郎さん、元兵庫県知事の貝原俊民さんがいます。

「桃・柿育英会」は、震災遺児に対し、十八歳になるまで援助を行うものです。子どもを育てるためですから、一時的な支援では意味がないので、毎年一万円を一〇年間続けてくれる人を一万人集めることを目標にしました。ただ、一万円で一万人では一億円ですから、今回の震災の規模では十分でないかもしれない。だから、今、一般に呼びかけながら、企業にも協力をお願いして回っているところです。

――震災後に、継続して子どもをサポートしたり、緑によって時間を重ねながら町の記憶や風景をつくっていくといったことは、阪神淡路大震災の時もされていましたね。

安藤　とりわけ今回の地震では、太平洋沿岸を襲った大津波で、人間も家も町も、全てが波に飲み込まれた地域、汚泥にまみれた瓦礫の山だけが残ったという悲惨な風景が延々五〇〇キロも続きます。「復興」ということで、「町をどうつくっていくか」という話についても、いろいろな人が発言しています。でも、いずれにしても、それはひとりの建築家が「デザイン」するという話ではないですよね。

神戸の時も同じでした。町の風景を、どのようにこれからも重ねていけるか。そこに住む人々が、どのようにそこに関わっていけるか。皆で共有できる都市の未来へのヴィジョンが必要だった。その第一歩として、一九九六年から「ひょうごグリーンネットワーク」を始めたわけです。

具体的には、自治体が震災復興住宅をつくるにあたり、計画された十二万五千戸に、ボランティアで二本ずつ木を植えていこうと考えました。樹木によって住宅が倒壊を免れた話も聞いたし、何より現地に繰り返し通う中で、次の年の春に見た白いモクレンの花が、人々を慰めているようにも、復興への力を感じさせるようでもあり、強く印象に残っていたからです。そして、木を植えることで、震災で分断された都市の風景やコミュニティに、新たなつながりが生まれることを願っていました。

——今回の被災地でも、どのように場所の記憶をつないでいけるかは大切なことだと思います。

安藤　そうですね。考えてみれば、私が設計活動を始めて四〇年、風土や環境をどのように考え、それと対話しながら、自分自身の思考を重ねていったように思います。ある時は、何を次の世代につなげていくかと考え、ある時は、新たな空間を重ね合わせていく。その基本的な姿勢は、ほとんど変わっていないと感じます。この本では、その幾つかのプロセスをお話したいと思います。

大阪の町に提案し続ける

安藤　二〇一〇年に、大阪の「桜の会・平成の通り抜け」が一段落しました。これは、春の大阪の象徴とも言える、造幣局の桜の通り抜けに着想を得て、市民自身の手によって新たに桜の通り抜けをつくろうというものです。淀川から大川、中之島、堂島川、そして大阪湾に注ぐ天保山まで、六キロほどの両岸に三〇〇〇本の桜の木を植えました。

そのきっかけは、淀川から大川が分かれて市中心部に入るところにある、桜乃宮公園の横に掛かる「銀橋」（桜宮橋）の拡張計画に関わったことでした。昭和五年完成、当時としては日本一のアーチ橋でしたが、やはり現代の交通状況には対応できない。その拡張のアイディアを求められたので、現代の技術で同じ形をなぞりながら、新旧の橋を並べて、新たな風景をつくろうと提案しました。

私は、小学校の入学式の時、ここで写真を撮っているんです。それが祖父と一緒に撮った唯一の写真になっている。この橋を設計したのが、武田五一という建築家です。

実は、武田五一とは他にも縁があって……。淀屋橋近くの裏通りに「芝川ビル」（設計：渋谷五郎・本間乙彦、一九二七年）という旧いビルがあるのですが、このビルのオーナーであった芝川さんは、「北野アレイ」（一九七七年）をはじめ、私が最初期に神戸で幾つも手掛けた商業建築のクライアントだったのです。その芝川さんの家が武田五一設計でした（「芝川又平衛門邸」、一九一一年）。現在は、明治村に移築されています。武田五一は、東京帝国大学を出て、京都大学建築学科の創立に関わり、教授になります。彼は他にも肥後橋や渡辺橋など、大阪にたくさん橋を設計しています。

　少し話が脱線しますが、実は大阪の橋のほとんどは、江戸から昭和戦前まで、市民の寄付で掛けられたものでした。私が小学校の頃、よく写生に行った「中之島公会堂」（大阪市中央公会堂、一九一八年）も、株式仲買人、岩本栄之助が公会堂建設費として一〇〇万円を寄付したことでつくられた。隣の大阪府立図書館も住友の寄付。大阪城だって、昭和の初めに、大阪にシンボルがないならということから、市民がお金を出し合って再建したものなのです。

　中之島には、長く大阪大学医学部もありました。その原点は、緒方洪庵がつくった緒方塾、後の適塾だと言われています。この塾からは、福沢諭吉をはじめ、優秀な人材が輩出しました。適塾の建物は、今も中之島のすぐ近くにあり、すぐ隣には大阪商人が明治十三年に自分たちで設立した愛珠幼稚園が今も現役の市立幼稚園としてある。

　実は大阪大学をつくる時、国から「京都大学があるから必要ない」と言われたのです。しかし、大阪の人たちは民間で半分お金を出すと言って、国に認めてもらった。全国の旧帝国大学の中でも、そのような半官半民の大学は阪大だけです。そのように、大阪人が自分たちでつくってきた町の中心が、中之島でした。だから、大阪の都市を考えようとすると、現代においても、やはりこの場所が思考の中心となっていくんですね。

――中之島に対して、安藤さんは「中之島プロジェクトⅠ」、「中之島プロジェクトⅡ」（一九八

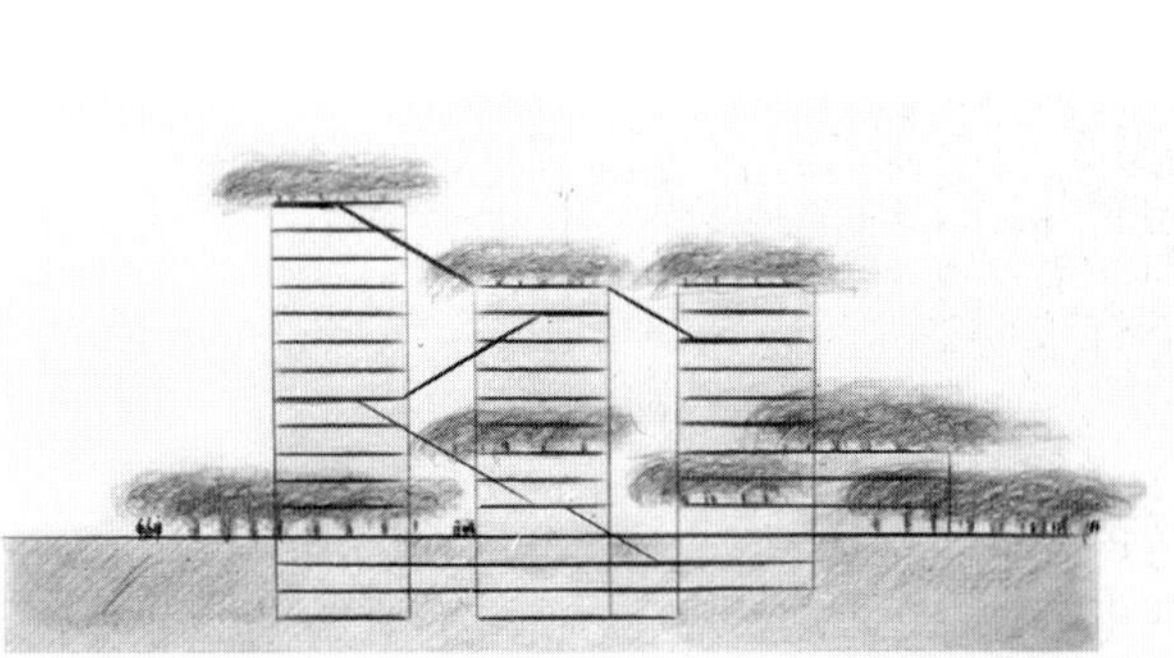

大阪駅前プロジェクトⅠ

八年)と何度も提案をされていますね。

安藤　そうですね。自分を育ててくれた大阪への恩返しという気持ちと、かつての大阪人たちの気概にならって、「やるならば自分たちで」という思いで、いくつかの提案を行いました。全て、依頼されたものではなく、自分で勝手に考えたものです(笑)。

その最初は一九六九年の「地上三〇メートルの楽園(大阪駅前プロジェクトI)」ですね。大阪駅に降りた時に、かつての市長関一が整備した大阪の中心軸、御堂筋が見えて、町の豊かさを感じられる確かな「町の顔」をつくろうと、駅前のビルの屋上をそれぞれ緑化し、ネットワークさせて地上三〇メートルに緑溢れる空中庭園をつくろうと提案しました。まだ二七歳だった私の提案が、大阪市に聞き入れられるわけもありませんでしたが、その後、駅前に全長三〇〇メートルの森をつくる「大阪駅前プロジェクトII」(一九八九年)に展開していきました。

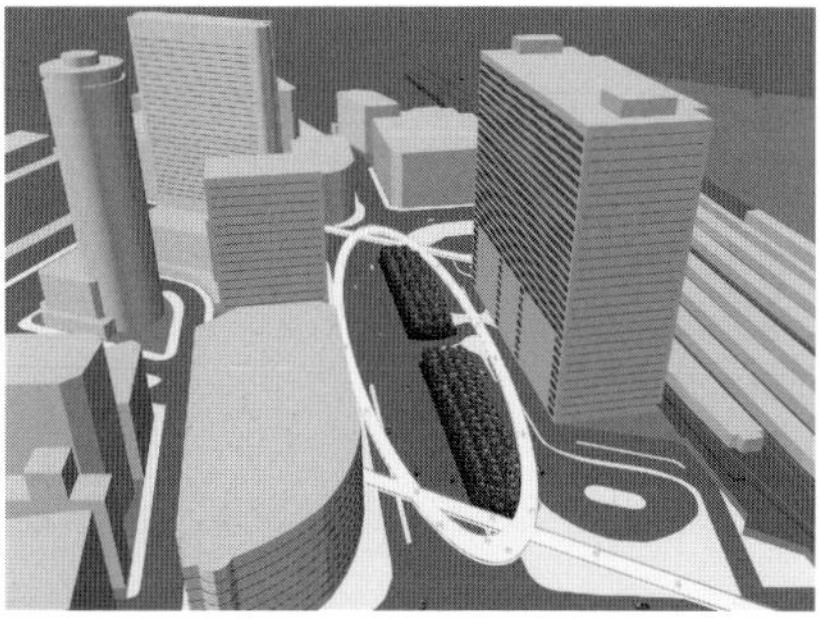

大阪駅前プロジェクトII

日常性の豊かさ

安藤　中之島公会堂は一九七〇年代から、老朽化によりたびたび解体か修復、増築かという議論の的になっていました。私は個人的な原風景としての思いもあり、また先ほど言ったような経緯もあって、大阪市民にとって重要な中心だと思っていましたから、先人の遺産を受け継ぎながら、未来に向かって町を活性化させるような提案ができないかと考えたわけです。そこで、公会堂に対しては、既存基礎に負担を掛けない球状のヴォリュームを挿入し、旧い建物を補強しながら、新旧の対比によって、新たな活力を表現できないかと考えました。それが、「中之島プロジェクトⅡ（アーバンエッグ）」です。

一方、中之島全体も、堂島川と土佐堀川という二本の川に挟まれた長さ約一キロ、幅一五〇メートルほどの島内や周囲に、民間の力によってつくられた個性的な建築が建ち並び、橋が掛けられた、世界でも類を見ない都市空間だと思います。パリを見ても分かりますが、パリのシテ島では、これほど幅が狭くないので島という感覚が持てない。パリの都市生活の豊かさとは、やはり文化の豊かさです。だから、地理的、歴史的に大阪の中心としてある中之島を総合的な文化の発信基地とすることで、一気に大阪の魅力が増すだろうと考えたのです。

そこで、地上は公会堂をはじめとした旧い建物を保存しながら公園化し、地中に美術館、博物館、図書館といった文化施設が展開していくという、地中都市的な提案をしまし

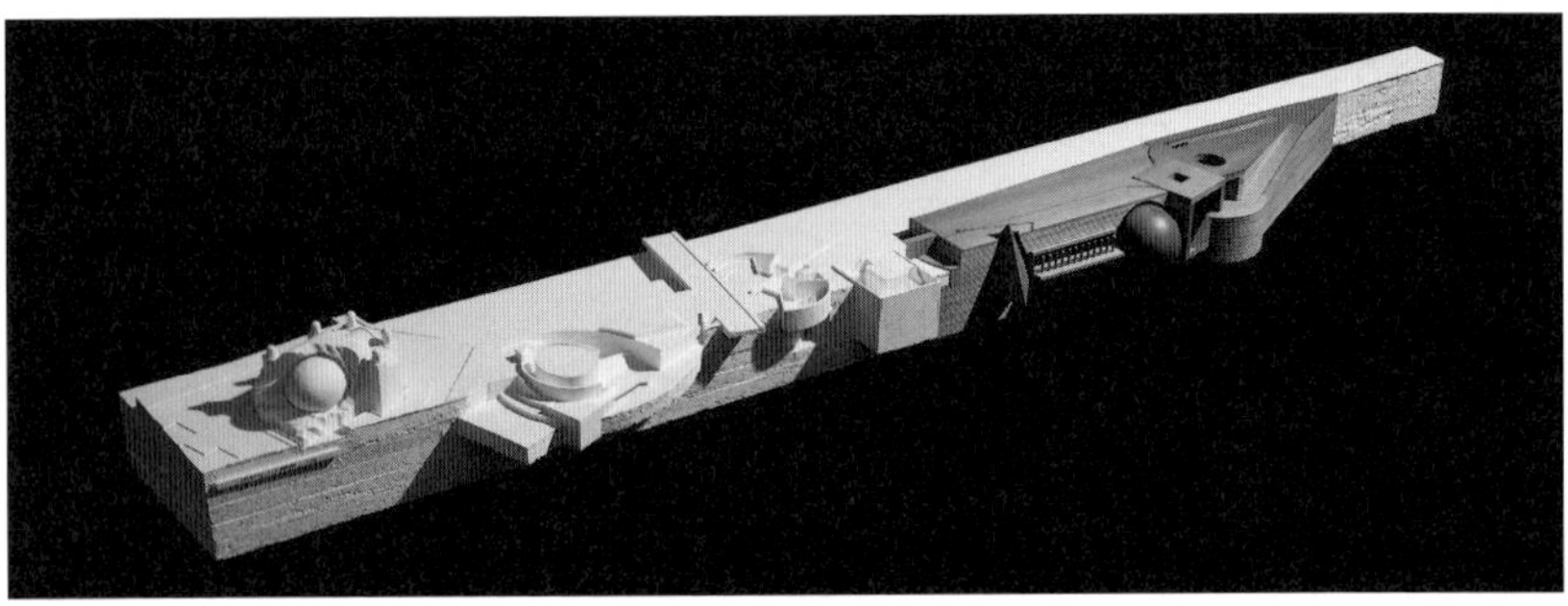

中之島プロジェクトⅡ（地中30メートルの楽園）。左下がアーバンエッグ

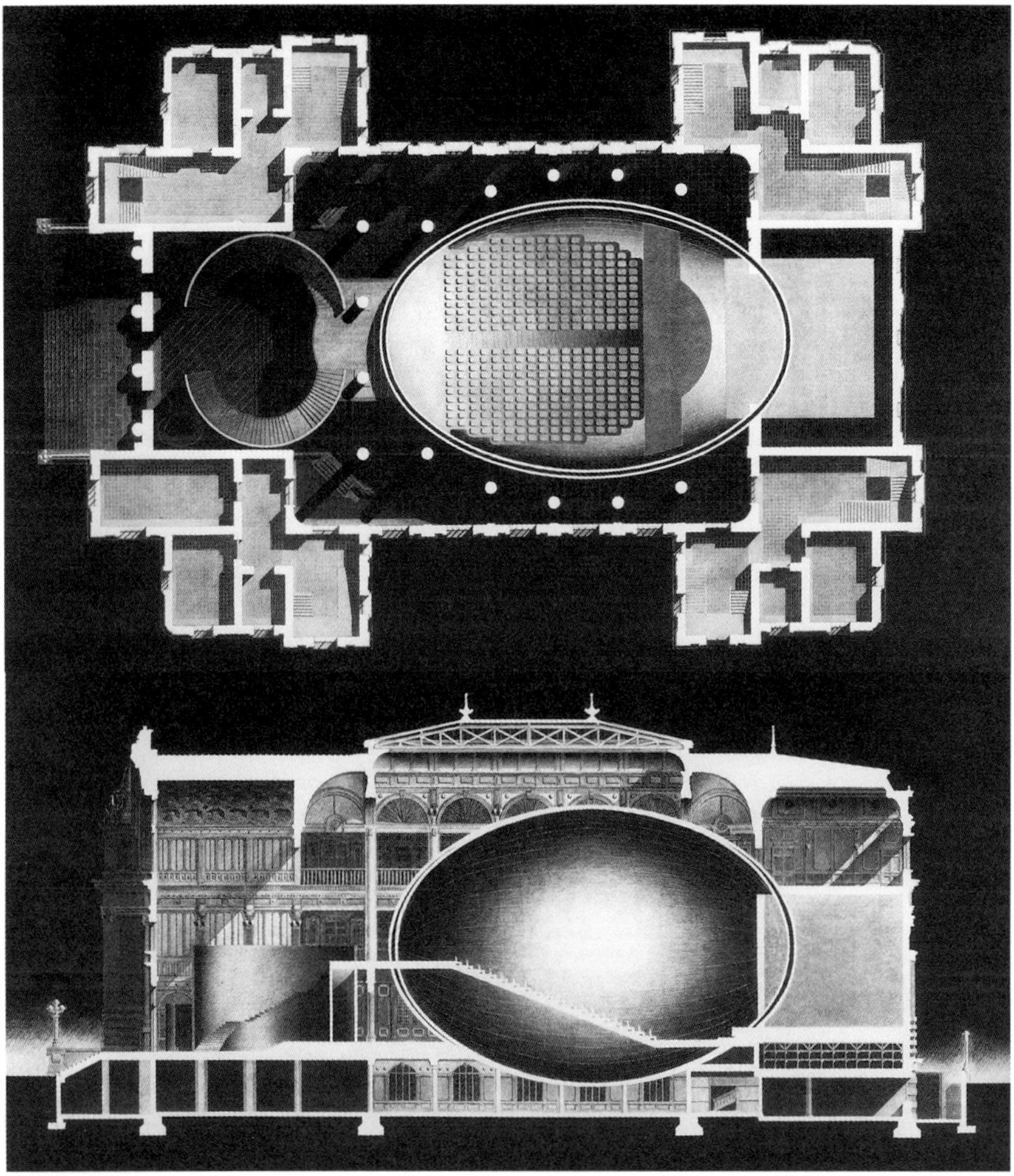

中之島プロジェクトⅡ（アーバンエッグ）

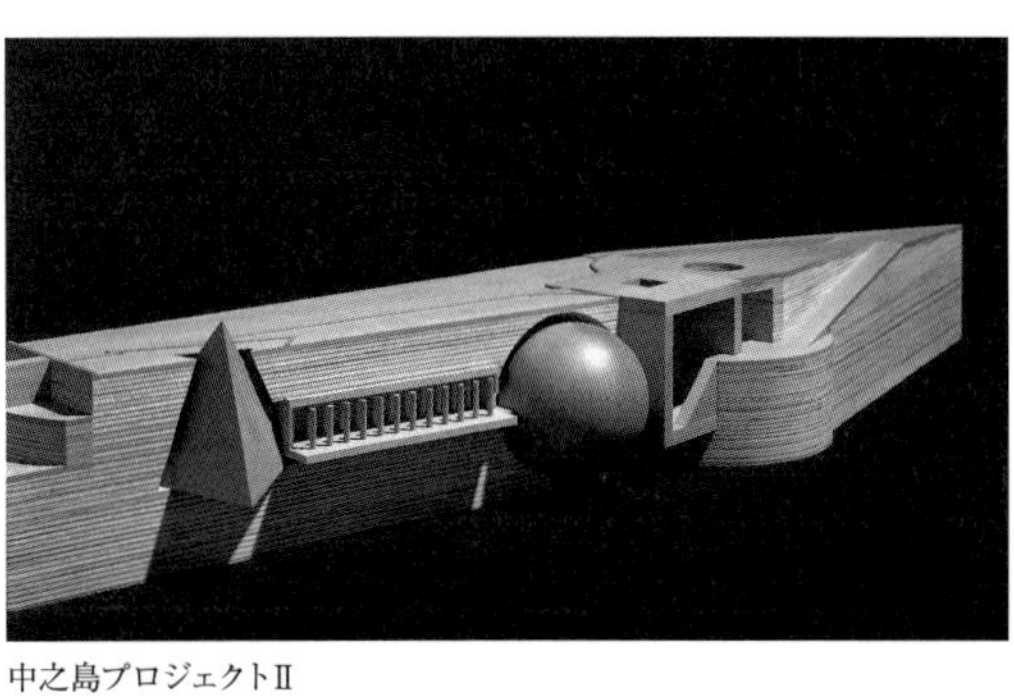

中之島プロジェクトⅡ

た（「中之島プロジェクトⅡ（地中三〇メートルの楽園）」）。島全体を、ひとつの文化コンプレックスとするイメージです。

これらの提案は、市民にも企業家にも、賛成してくれる人がまったくいなかったわけではなく、「中之島プロジェクトⅡ」は、公園や河川関係の法改正も含め、一時、かなり実現に近づいた時もありました。しかし、結局、上手くいきませんでした。

それから一〇年余りの時間を経て、新銀橋の新築にあたり、再度、大阪の川沿いの活性化をテーマに提案したのが「平成の通り抜け」だったのです。造幣局の通り抜けは、長さ六七〇メートルですが、桜が八〇〇本あって、公開期間には、二〇日で一〇〇万人近い人が訪れます。それに、桜乃宮公園をはじめ、桜の植わっているところが点在していましたから、その間に新たに植えていけば、世界一の桜の通り抜けができると（笑）。そうすれば、都心の環境が良くなることはもちろん、多くの人が集まる、水際による新たな都市の環境軸が生まれるだろうと考えたわけです。

――これまで、提案を繰り返しても、なかなか実現しなかった。今回もいろいろ苦労されたのでしょうか？

安藤　大阪に住む人間、皆で取り組まねば意味がない活動ですから。参加者を募るため、いろんなところでずいぶんしつこく話はしましたね（笑）。でも、市長、関西経済連合会（関経連）、大阪商工会議所など、主だったところでけっこう賛同してくれる人が多かったのです。それで、一人一万円の募金を三年間くらいで四万五千人集めることを目標に運動を始めました。一本の木を植えるのに、だいたい五万円。三〇年間のメンテナンス費用が一本一〇万円。そんな算段で定めた目標です。「ケチな大阪人が、そんなにお金を出すかな」という意見もあったのですが、いざ始めてみると、二ヶ月で二万人も集まってしまった（笑）。

――これまでとずいぶん違いますね。

安藤　かつて御堂筋の整備計画が立ち上った際、沿道の市民たちは道路幅拡張のために進んで公に土地を提供したといいます。その気風の良さ、公意識の高さにはまだまだ及びませんが、「今の大阪人もようやったな」という感じですね（笑）。私も、これまでの経験から、こういうことには仕掛けが肝心だと学んでいたので、「これからの地方自治時代のモデルだ」ということで、絶好調だった当時の首相、小泉純一郎さんに、最初の一本を植えてもらったんです。二〇〇四年の十二月にお願いしたのですが、翌年の一月上旬に、来ると即答してもらった。その効果も大きかったと思います。いずれにしても、多くの人に、大阪に魅力ある場所をつくろうという思いを持ってもらえたということだと思います。

そもそも、淀川は京都と大阪をつなぐ流通路として整備された実用の川です。そして、毛馬桜乃宮から淀川を人力で付け替えて、大阪湾に流すようにしたのは、明治の大土木

大川沿いの桜。右に見える橋が新銀橋(手前側)と銀橋

事業だったわけです。そのように人々が力を注ぎ、生活の中に取り込んできた川を、もう一度、日常的な都市の風景、生活の中の魅力として取り戻したかった。私自身、小さい頃から淀川で遊び回り、水の音を聞いて育った。それが自分が育ってきた町の原風景になっているんです。特に、音という要素は、人の原風景、原体験と強く結びついていると思う。その意味でも、川が町の中にある意味は大きい。

実際、今歩いてみると、川の水もきれいになったし、新しく植えた桜のメンテナンスをするから、元からあった木々も元気になってきた(笑)。それに、三〇〇〇本の桜を植える間に、八軒屋浜という豊臣秀吉の時代以来の船着き場を復活させたり、公会堂前の中之島の突端にあたる三角公園(剣先)に噴水ができたり、周辺も整備されてきた。今は、川沿いの建物の壁面緑化を呼びかけています。川という存在が、ずいぶん身近になったし、人々の気持ちも変わってきたんじゃないかな。

——桜に始まった環境の変化が、人々の意識を変え、街に新たな力を生みだしていくと。

安藤　そう期待しています。

先日、「TAKAMINE——アメリカに桜を咲かせた男」(二〇一一年)という映画を見ました。高峰譲吉という医学の発展に大きく寄与した科学者を、主人公とした映画です。高峰は、消化酵素ジアスターゼを抽出したり、アドレナリンの結晶抽出に世界で初めて成功しま

八軒屋浜の船着き場(左)と剣先(正面)

した。実はその人が、アメリカのワシントン、ポトマック河畔の桜を寄付したんです。この高峰も、緒方塾の出身者でした。

一九一二年、尾崎行雄が東京市長の時に、高峰と一緒に苗木を送ったのですが、実際は金銭面を含め面倒を見たのは高峰で、それをサポートしたのが、エリザ・R・シドモアというアメリカ人女性でした。シドモアは人文地理学者で、日本中を旅する中で、子どもや庭などの写真を多く残し、日本人の自然に対する感性と日本庭園の魅力を世界に発信した人です。彼女が、医科学で成功していた高峰にお願いをして、植樹を実現させたと言われている。

このポトマック河畔の桜のことは以前から気になっていて、大阪の川沿いにも、元々あった桜という魅力を活かして、より大きなスケールで展開することによって、様々な人々の交流が進められるのではないかと考えていました。それに、もし自然と一体になった生活文化を築いてきた日本人の感性というものが、今なお遺伝子としてあるなら、誰の心にもある町の原風景を手掛かりにした新しい都市の風景は、国際的にもアピールできる、次の時代につながるテーマになるのではないでしょうか。

中之島公会堂(左)となにわ橋駅出入り口(右)

出発点——阪神間の風土

——安藤さんの原点というと、「住吉の長屋」に代表される、都心の狭小な敷地に住み着く個人にとって、砦のような存在である打放しコンクリート造の「都市ゲリラ住居」というイメージです。そこから、環境や自然に対する読み解きはどのように展開していったのでしょうか?

安藤　『住宅』の本でもお話ししたように、一〇代の終わりの頃から奈良や京都に建築を見に通い出しました。大阪に住んでいますので、学校にも行かずに自分なりに建築を学ぶことを考えた時に、近くですぐに見に行けることから古建築を見て回ったわけです。東大寺、唐招提寺、法隆寺……。当時は右も左も分からずに、一日庇の下で建築を見て、本を読んでいました。世界最大の木造建築とか、世界最古の木造建築とか言われているけど本当かな、と思っていました(笑)。でも、今から一〇〇〇年とか一五〇〇年も前の時代に、日本人があれだけ壮大なスケールの建築をつくり上げたということは凄いと思いました。あの大きな柱を見ているだけでも、「どのように運んできたのか」とイマジネーションがわいてきて、いろいろなことを考える。その「凄いことをした勇気」は、自分の心の中に刻み込まれたと思います。

一方、京都の南、大山崎というところに、千利休がつくった待庵という茶室があります。

東大寺南大門

二畳という最も小さな茶室ですが、その極小の空間の中に、無限の奥行きを秘めた世界をつくったのは凄いと思いました。大きい東大寺と小さい待庵の両極を見ながら、日本人は想像力があると。その勇気とイマジネーションが、その後もずっと心に残っています。

最近、アジアの経済発展と共に、仕事の機会も増えていますが、実際に各地を歩いている中で、同じアジアといっても気候風土は様々で、日本人独特の自然観があることを実感するようになってきました。一方で、共通性についても考える機会が多い。新しい建築について考える意味でも、環境について考える意味でも、非常に学ぶことが多いと感じています。

日本ということで言えば、アジアでも東の端で、しかも島国ですから、独自の要素が生まれた面もあるかもしれません。中国や韓国、あるいはより熱帯に近いベトナムや台湾……。日本はそれらの国と比べても、自然が穏やかです。雨が多い気候ですが、細長い国土なので、豊富な水は清らかに流れて行き、四季の変化は美しい。常に移ろいゆく、身近にあって、一体に融和するような自然観を育んだと思います。

それに応じて建築も、雨、風に対して屋根が掛かり、水平に伸びていく空間構成を発展させせました。自然と対抗する意識から、石やレンガによる組積造を発展させた西洋建築のような立体性は、基本的には獲得しなかったわけです。

私自身の建築は、コンクリート打放しの壁による、幾何学的構成をベースにしたもので、西洋の合理性に影響を受けてつくってきたものが多いと思います。それでも海外に行く

妙喜庵待庵

と、日本的だと言われることが多い。自分ではよく分からないけれど、やはり環境に対する感覚や、建築を構成する素材感、寸法の感覚などにおいては、何か精神風土的なものが身体化されているのかもしれません。

でも、前にもお話しした通り、「住吉の長屋」だって、大阪の下町なりの自然との関係を考えた結果だったわけです。長屋は京都や大阪で歴史的に構成されてきた都市の要素で、数寄屋建築、茶室建築などの影響も取り入れながら、レベルの高い庶民の文化として成立したものだったと思う。その建築形式を現代的に捉え直す。つまり、地域の伝統的な空間作法の再生という意識もありました。そこから、極小の敷地で、周りを建物に取り囲まれた中にあっても、庭を設けることを最初から考えていました。そこに自然が導入されることで、生活に必要な採光や通風を確保しながら、ある意味で抽象化した自然として光や風を取り込んで小宇宙のような豊かな住空間をつくりたいと考えていたわけです。

——その意識は、神戸などで取り組まれた、緑の多い環境でのお仕事でも共通しているのですか。

安藤　風土的なものへの意識ということなら、たぶん一番最初を考えると、七〇年代初めに関わった、明治期に神戸の外国人居留地に来た人々が建てた西洋建築、北野町の異人館の保存活動だったと思います。

ローズ・ガーデン

六〇年代、神戸の三宮でアルバイトをしていた頃はまだ「異人館」という言葉もなく、「あんな安モンの建築、何が良いの?」とよく言われました(笑)。しかし、安モンでも何でも、長い時間建ち続けて町の記憶を刻んだ建物、その風景は、そこに生きる人々が共有する公の財産ですよね。それを、単なる経済性の問題だけで簡単に壊していってはいけない。同時期に西澤文隆さんと古建築やそれと一体になっている庭園や風景を見たり、水谷穎介さんに都市に対する視点を教わったりして、自分なりに都市の環境や固有性、それに町をつくっていくことについて考え始めていました。

そのことが、後にこの町で手掛けるようになった「ローズ・ガーデン」(一九七七年)や「北野アレイ」、「北野アイビーコート」(一九八〇年)といった商業建築につながっていったと思います。都市の固有性を内包した「意志」のある建築が点在していくことで、風景をつくっていったり、都市に働きかけることができるだろうということですね。一つひとつ埋め込んでいくわけですから、長い時間がかかる仕事ですが。

——神戸らしい坂の途中に「ローズ・ガーデン」ができた時に、西澤文隆さんが、町並みのスケールやレンガという素材を解釈しながら、「しゃんとして少しも崩れていない本当の建築」をつくったと書かれていました。商業建築こそ多くの人が触れる建築であるけれど、建築としてきちんと筋の通ったものはつくりにくい。そこに強固な意志を働かせたと。

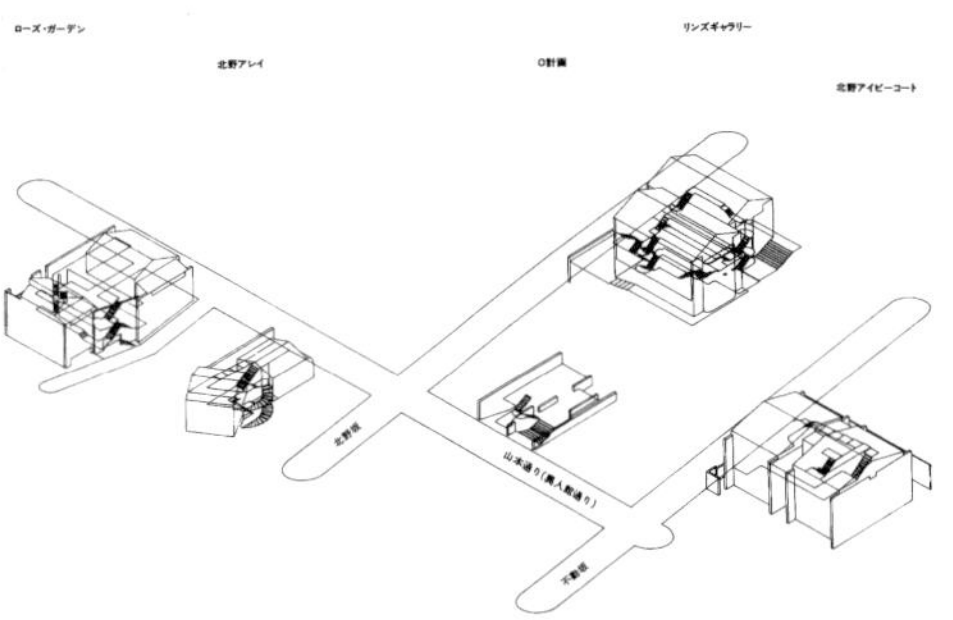

一連の北野町のプロジェクト

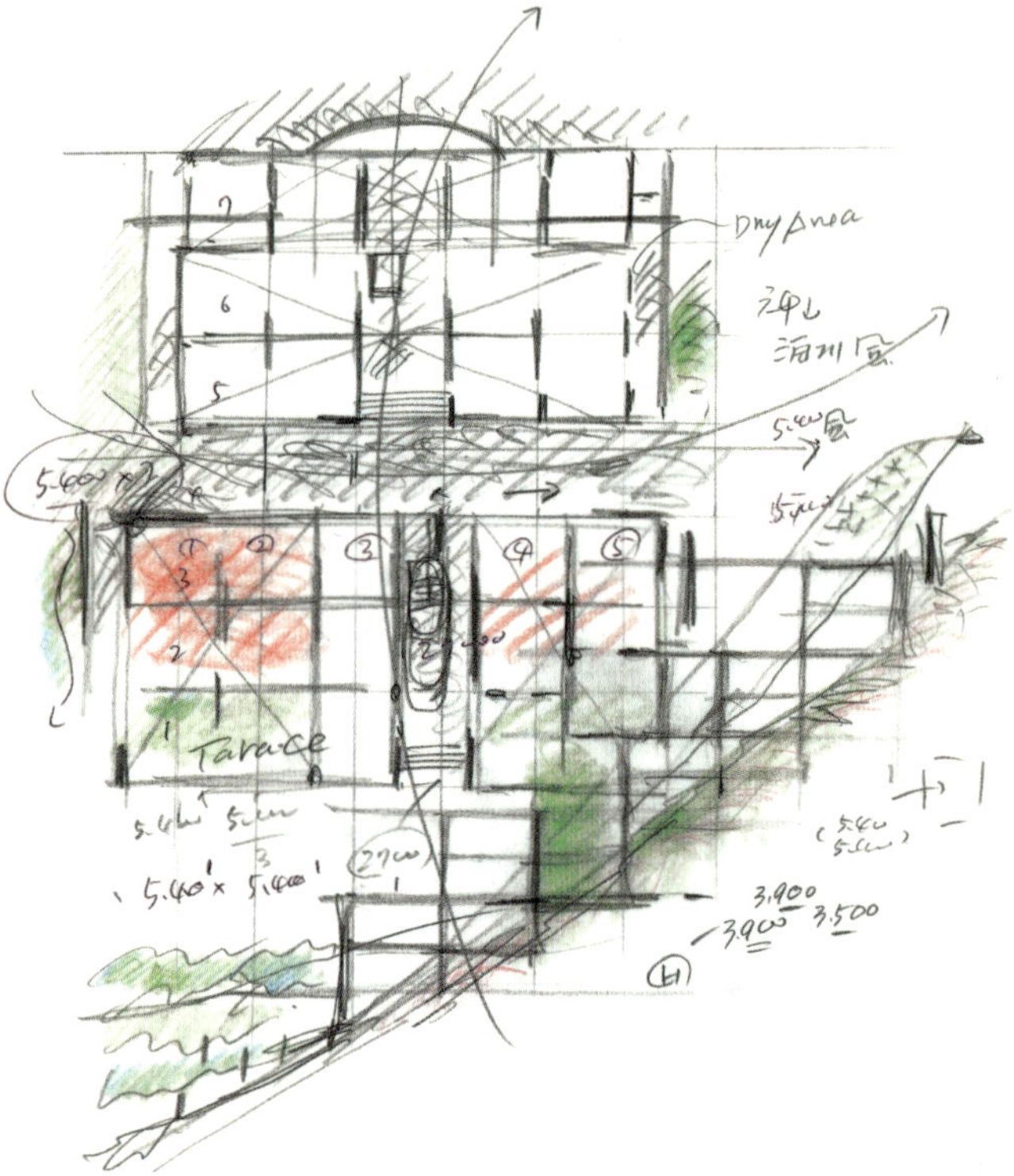

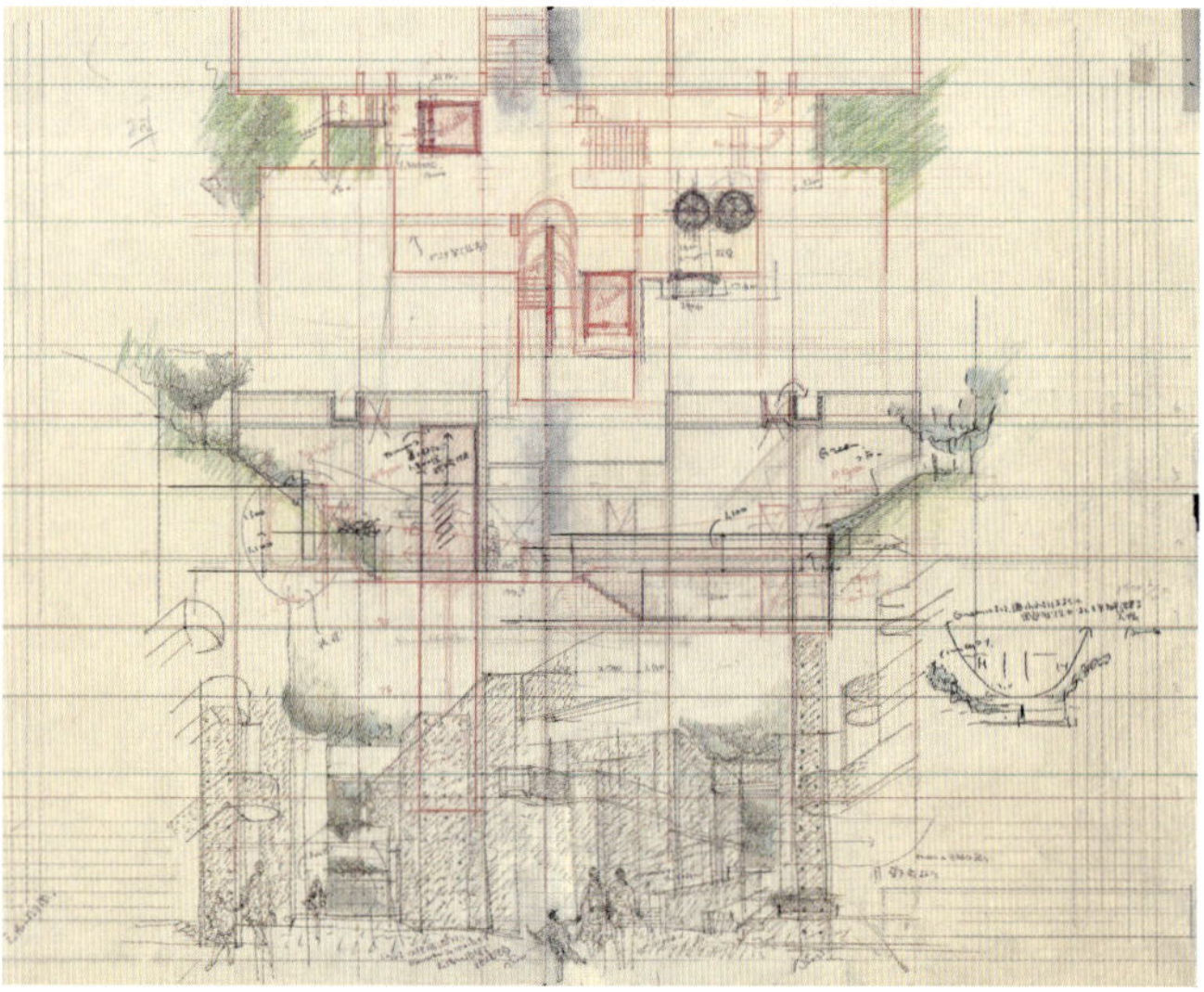

六甲の集合住宅、ドローイング

六甲の集合住宅Ⅰ、Ⅱ、Ⅲ

安藤　「周辺環境との関係づくり」、「風景の保存」ということでいうなら、やはり最初に意識したのは一九七四年に完成した神戸の「住吉の家（松村邸）」です。風土的なものを抽象化して現代に再生しようとした大阪の「住吉」と対照的に、ここでは敷地に元々あった大きな三本のクスノキを残し、近くの御影という地名の由来にもなった御影石やレンガの塀が建ち並ぶ、歴史を重ねた住宅街の風景を、私なりに受け継ぐことを考えました。風土に溶け込むような形で現代建築をつくろうとしたわけです。

北野町では、合計七件の建物を設計していますが、この一つの場所で時間をかけて建築をつくり、考えていく姿勢が、私にとってはとても重要なことでして……。例えば「六甲の集合住宅」もそうですよね。一九八三年に第一期が完成してから最近完成した四期まで、約三〇年かかっています。これも、阪神間の山の手の斜面地について考えながら、現代建築による集落の風景をつくっていくようなことを考えたものでした。

「六甲」については、前著『住宅』で詳しくお話ししましたが……。最初は、傾斜六〇度の斜面の手前にあった平地に分譲住宅をつくってほしいという依頼でした。しかし、それ以前から何度か傾斜地には縁があり、阪神間ならではの眺望を楽しめる建築をつくることに関心を持っていました。一九六二年、二一歳の時には、現在の新神戸駅のすぐ裏手、傾斜六〇度の斜面の上に、コンクリートと鉄骨のハイブリッドで住宅をつくりました。この家は今もあって、眼下に神戸港のダイナミックな風景を一望できるのです。

また、「六甲」のすぐ横手の岡本という場所で、集合住宅の設計にも取り組みました（「岡

岡本ハウジング

本ハウジング」、一九七六年）。ここでは、不整形な斜面に対して、立体グリッドによる均等フレームの空間構成を持ち込もうと考えました。幾何学的な均等フレームを敷地形状に合わせて変形させながら、そこで生まれる立体的なズレや余白によって、その場所にしかできない空間をつくり出そうと考えたわけです。

実は、その設計のちょっと前、一九六五年に初めてヨーロッパに行った時に、フランスでル・コルビュジエの「サヴォア邸」（一九三一年）を見たんです。この建物で、コルビュジエは有名な「近代建築の五原則」を唱えています。建築のヴォリュームを持ち上げ、地上を緑に開放する「ピロティ」、光と緑あふれる「屋上庭園」、近代的な技術に裏付けされた、壁に制約されない「自由な平面」、「水平連続窓」、「自由な立面」……。「近代建築って、面白いな」と思ったのですが、考えてみると単純な箱形のものがピロティの上に載っているだけでしょ（笑）。でも、その単純な構成によって、あれだけの立体的な感覚のある建築ができるならば、自然の斜面地に均等グリッドを積み重ねながら、それをずらしていくだけで、十分に面白い建築ができるだろうと考えたわけです。

「六甲」は南面した日当たりのいい斜面で、「岡本」よりも急傾斜なので、よりズレも大きくつくることができる。平地に建築するにしても斜面に擁壁をつくらなくてはいけなかったこともあり、自分としては、もう斜面に擁壁と一体化して建てるしかないと思ってしまいました（笑）。

六甲の集合住宅I（2011年撮影）

――「具体的な場所なりの地形に合わせて変形させていく」という操作が、言葉では簡単に言えますが、実際は非常に難しそうです。

安藤　確かに、実際に設計を始めてみると、様々な課題に直面しました。何より大きかったのは、敷地の利用計画に対して、法的制限をクリアすること。約六〇〇坪の敷地面積ですが、国立公園内の第一種住居専用地域で、建ぺい率四〇％、容積率八〇％、建設可能な最高高さ一〇メートルという、これ以上ないくらい厳しい制約のある土地だったのです。それに対して、南面を利用しヴォリュームを地下に埋め、平均地盤面を拡大解釈しながら、役所と粘り強く話をしていきました。また技術的にも、当時使い始められていたコンピュータ解析を採り入れることで、手計算では不可能と思える、断層のある難しい地盤と関わった構成も可能だろうと考えました。

具体的な空間構成としても、ただ同じような住戸面積のユニットを二層にして単純にずらしただけでは、似たような間取りが横に並ぶだけです。しかも前の棟の壁しか見えない、非常につまらないものにしかならない（笑）。そこで、各住戸ユニットは前面に庭を持つことは共通するけれど、規模や部屋の構成、天井高さなども変化させようと考えました。ただ、これは分譲住宅ですから、クライアントは「売れない」と心配しました。私も思考の過程で、当然、販売することや住戸タイプなど、設計条件を読み込んでいきます。しかも、「六甲」は一期も二期も、平面的には正方形がずれながら建ち上がっていくだけという、ある意味で非常に制約された中で組み立てている。その少しのズレが新しい空間を発見していくということを、自分なりに考えながらつくっていったわけです。だけど、考えれば考えるほど、実際には機能的な対応が難しい。コストプランニングや販売のことも考えながら検討を重ね、最終的には「これからは、日本人も個性的なものを喜ぶ時代だ」と説得して実現したわけです。

そうは言っても、「最後は押し切るんだ」という気迫もあったでしょうね。正直に言えば、「売れんでもいい」くらいの気持ちもあったと思う（笑）。今もその姿勢はそれほど変わらないと思いますが、条件としてはきちんと考えるけれど、突き詰めれば建築家の第一の目的、考えるべきことは、「売れるために何が必要か」ではなく、「どれだけ豊かな空間を提案できるか」という空間的な問題だと考えているからです。

——その問題に、「風景をつくる」ことも含まれるわけですね。

安藤　そうです。とくに第一期においては、斜面に沿った敷地の利用計画が一番重要でした。

フランク・ロイド・ライトの「落水荘」（一九三七年）を見るといつも思うのですが、建築というのは既存の旧い樹木であったり、敷地の地形や形状、その場所の風の流れや太陽の位置……。そういうものに対して、建築をどう配置して、部屋の向きを組み立てていくかが、

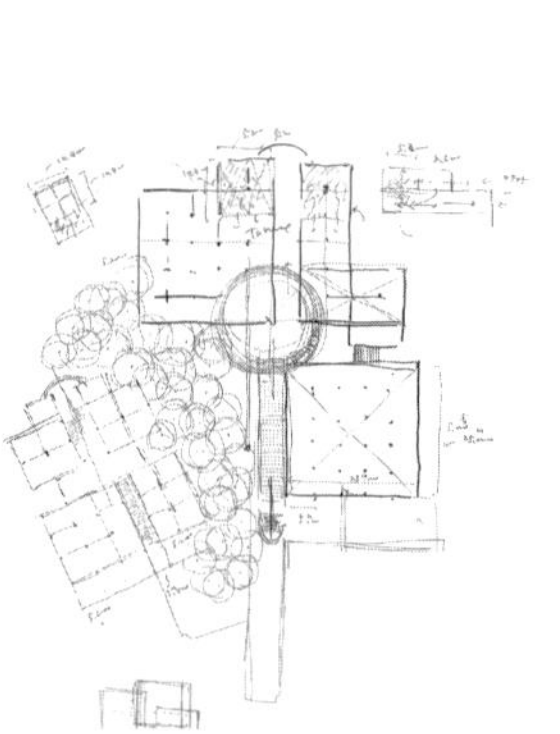

六甲の集合住宅Ⅱ、スケッチ

非常に大事だと思うのです。それを住み手は、その空間で時間を過ごしていく中で、後から意識していくわけですが、設計者はある意味で瞬間的に読みとっていかなくてはいけないと思う。こういう意識にも、西澤さんと一緒に歩きながら話した、桂離宮や銀閣寺などのサイト＝配置の重要さが影響していると思います。

例えば「六甲」では、たまたま阪神間の環境を少し知っていましたから、南斜面で上から風が流れてきて、海に向かっていくことが分かっていました。それならば、建築ヴォリュームの両サイドを通風口のように扱おうと。その風の通り道を南北に空気が抜けていき、建築内部に風が引き込まれることを考えたわけです。

それに加えて第二期では、一期の階段テラス状のヴォリュームから、さらに立体的に庭園が配置されていることを考えました。例えば、プールと言いながら、自分の意識としては「水庭」で、より複雑に配置された共用空間は「石庭」だと。それらの「庭」が立体的に構成されて、緑の森に囲まれているという思いでした。二期は完成後、約二〇年経ち、緑が三倍くらいに増えている感じです（笑）。最近になって、ようやく当初のイメージに近くなってきた。

このようなことを考えたのも、コルビュジエの「ユニテ・ダビタシオン」（一九五二年）やアトリエ5の「ハーレン・ジードルンク」（一九六一年）を見ていたからだと思います。「ユニテ」は、「集まって住む」ことが、店舗や保育園、公共施設を内包した、一つの都市のような打放しコンクリートのヴォリュームとしてピロティで持ち上げられているという強烈なイメージを持ってい

六甲の集合住宅Ⅱ、プール（2011年撮影）

る。一方、「ハーレン」は、木々に囲まれたなだらかな斜面に、一つの共同体の形を表現している。どちらも間違いなく傑作です。

その二つとも、はっきり言えばとても荒っぽいつくりかたの建築です。だけど、そこで生活している人たちの楽しさが伝わってくる。それが「集まって住む」ことの大切な意味だと思う。一方、日本の集合住宅の生活は小綺麗だけど、みんなが楽しそうに生活しているかどうか分からない。それが結果的に、都市空間にも表れてしまっていると感じます。それが問題だと思っていましたから、石庭が立体的になり、プールが水庭になり、その庭の向こうに神戸港、そして瀬戸内海が見える。そのように、神戸という町をしっかり認識できるような空間としてつくりたかった。その空間が、「集まって住む」ことと重なり合っていることをイメージしていたのです。

日常が持つ具象性と抽象性

――歴史的な環境や水といった要素は、人間が関わりながら成立してきたとしても、日常生活で無意識に触れているものだと思います。そこに、新しい建築をつくろうとエネルギーをかけていた現代建築家である安藤さんが、若い頃から注意を払ってきたことはすごいことだと思うのですが……。何かきっかけがあったのでしょうか？

安藤　以前、住宅について考える中で、「抽象と具象の重ね合わせ」(一九八七年)という文章を書いたことがあります。建築は、絵画や彫刻といった純粋芸術とは大きく違うということがずっと気になっていました。つまり、建築は必ず日常の現実の中に存在する、きわめて具象的な存在だと。それに対して、観念的、抽象的な思考の重要さも、間違いなくあるわけで、建築家のつくり手としての思いと、クライアントの思いや様々な要求条件、敷地が持つ条件や社会的、法的な条件……。それらとある時は直接的に対話し、時に自らの思考の中で葛藤し、建築を設計していくわけです。私はこの「抽象」と「具象」の対話が深く、葛藤が苦しく、緊張感があるほど、生まれる建築の生命力も強まるように思います。

「具象」の存在である集落や民家の造形には、日常の風景の中にあるからこその、長い時間の積み重ねによって紡がれる美しさや強さがあります。それらは、ある地域に生きる共同体の意思の表現とも言えるでしょう。

この建物に込められるべき「意思」が、現代は希薄です。建築を取り巻く諸条件がこれだけ複雑になっているのですから、当然といえば当然ですが……。

私は、先程「抽象と具象の重ね合わせ」と言いましたが、プロジェクトごとに固有のコンテクストとしてある、この「具象」の存在を自らの発想の原点としている気がします。そして、その「具象」の象徴として、場所の自然があるんですね。

日本人にとって、豊かな自然は、常に日常生活に寄り添って、また取り込まれてあったものだと思います。室町から江戸時代にかけての、歌舞伎や俳句、数寄屋建築といった日本文化の伝統は、この自然に拠る生活文化の中でこそ、育まれたものでした。

私自身にとっても、日常の中に自然が存在するというのが当たり前の感覚としてあって、淀川なんて本当に生活の一部という感じでした。しかし一方で、修学旅行で訪れた伊勢神宮で五十鈴川を見たり、平等院鳳凰堂を見に行ったりという経験もあったわけです。水という存在にも、具象と抽象の二面性が存在するんですね。五十鈴川なんて、まるで現実のものではないような、神秘的な奥行きを感じさせる……。見た目の美しさというより、何かもっと感覚的なもの。今から思えば、深閑とした森に囲まれた、清廉な五十鈴川の流れに、「間」を大切にする日本の精神風土の原点を垣間見たのかもしれません。こうした日本人ならではの、常に自然が身近にある環境に生まれ育つ中で、ごく自然に建築それ自体よりも、それを取り巻く周囲の状況に意識がいくようになったのでしょうね。

平等院鳳凰堂

——建築家としてスタートした時、自然も含めた歴史的環境を、建築と関わり合うものとして捉えられたわけですね。

安藤　そうかもしれません。考えてみれば、私が自然を扱う時、だいたい元々そこにあったものですし、それを自然のままではなく、人間の手によって再構築されたものとして考えることで、ほかにはない、その場所だけの個性のようなものを表現しようとしてきたんです。

五十鈴川

境界のない流れる水――TIME'S

安藤　日常の中にある水の風景という意味では、学生時代から琵琶湖疏水のことを身近に知っていました。琵琶湖疏水というのは、天皇陛下が京都から東京に移った後、京都の衰退を防ぎ、近代工業都市に生まれ変わらせるため、明治十八～二三年につくられたものです。琵琶湖から取水し、大津から約一一・五キロのトンネルを貫通させ、京都に水を導き入れるもので、船による物流を確保し、水を工業用動力源とする工業団地の整備、上水道、潅漑などを目的としていました。さらに日本初の水力発電もつくられ、日本で初めての市電もこの電力を利用したものでした。現在は物流路の役割は終えたものの、水力発電、水道水の供給に関しては、今なお現役です。

京都を歩いていて、一番想像力を刺激されるのが、この琵琶湖疏水です。南禅寺に行くと、境内を貫く巨大なレンガのアーチ橋があり、ドラマにも使われるような有名な景観になっているし、銀閣寺に至る哲学の道に沿って流れる水路も、何の変哲もないのですが、人々に愛される古都の風景です。無鄰菴をつくった山縣有朋のように、東京の経済人も、多く水に惹かれて疏水の周りに別荘をつくっていますよね。みんな、疏水の水を引き込み、庭をつくることで自分の家をつくっている。その水のネットワークが、京都を縦横に隅々まで網羅しているんです。琵琶湖疏水の建設は、若干二四歳で抜擢された田辺朔郎を主任技術者として進められました。落盤や湧水などの困難を克服しながら、トンネルの掘削に竪坑を採用し、見事、外国人技術者の助けなしに工事を完成させた。当時、最先端の技術を反映させた、日本の土木史においても非常に重要な事業でした。

——町の風景をつなぎ、しかもそれが自然環境を取り込んだ建築という意味で、京都の高瀬川の水際につくられた「TIME'S」(一九八四年、一九九一年)はまさに京都的だと言えそうです。

安藤 「京都には庭が一〇〇個ある」とよく言われます。京都は至るところに湧き水があり、数多くある寺社だけでなく、一つひとつの町屋にも庭がある。実際には、とても一〇〇ではきかない数の庭があるでしょう。さらに、鴨川をはじめ、堀川、高瀬川といった生活と密着した川が都市を秩序づけています。京都ほど優れた水の生活文化を持つ町はない。琵琶湖疎水も含めて、水のネットワークが、地域のコミュニティの個性というか、大きな力になっていたと思います。ひとつの敷地の中だけで完結するのでない、境界を超えてつながっていく水です。

こうしたすぐれた都市資産を持ちながら、なぜか現代の京都の建物は川を背に建っている。さらに、近代的な都市や建築の考え方では、建築が建つのは区割りされた敷地の中だけで、水はむしろ明確に区切られ、遠ざけられてきたんです。

だからこそ「TIME'S」では、京都の風土の中に生きてきた「水」と関係をつくり、現代建築の中に活かしたいと思いました。京都が庭園都市であるなら、高瀬川を庭と見立てて、

京都、鴨川。北山方向を見る

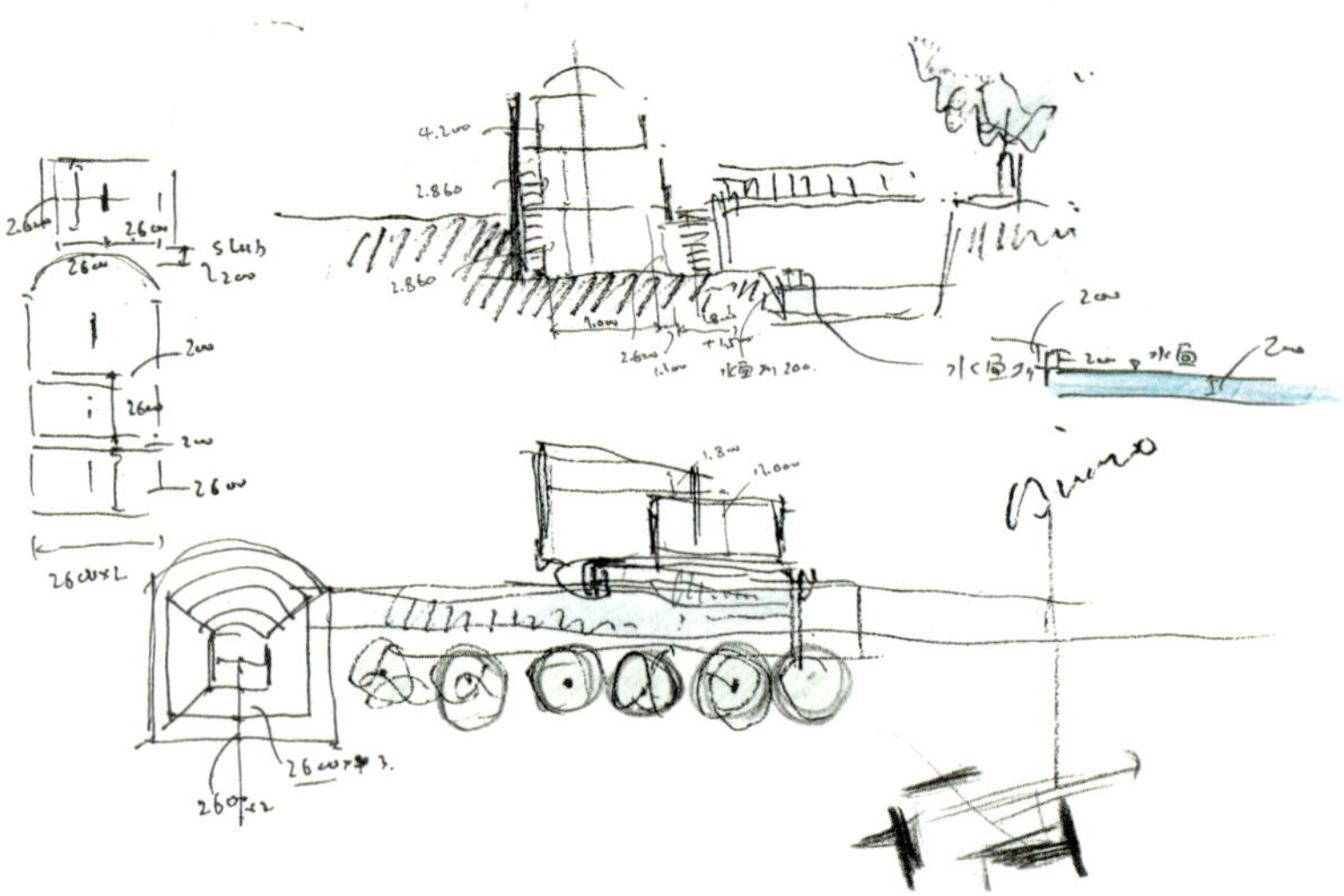

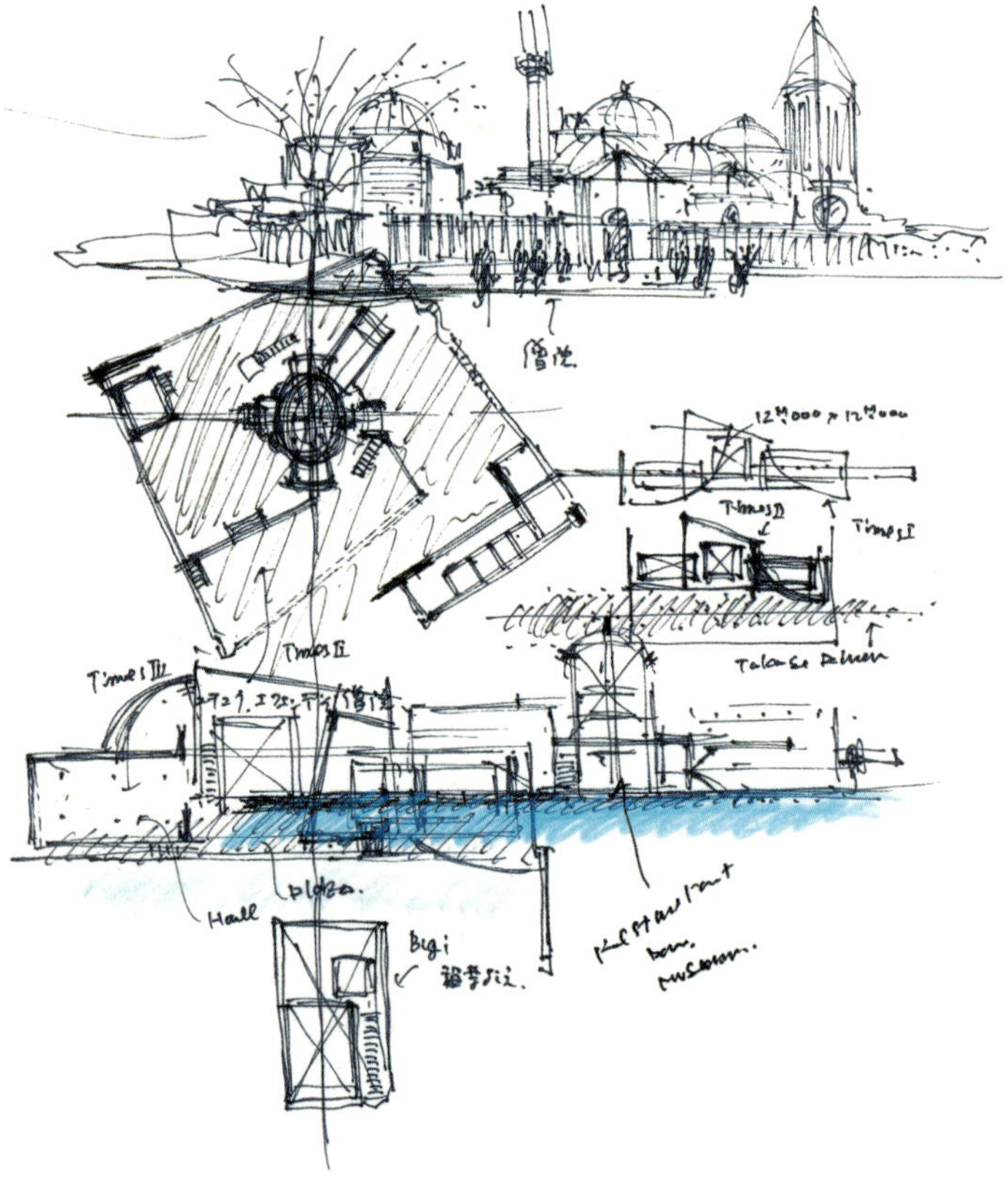

TIME'S、スケッチ。水との関係と寸法。下のスケッチでは、歴史的な建築を参照しながらスタディを重ねる

TIME'S、スケッチ。水際の情景

季節や時間によって変化する、いつ見ても異なる表情を見せる水の庭をつくろうと。
私が自然を扱う時は、まったく自然のままというわけではなく、ある意味で抽象化された形で、建築に取り込みたいと考えています。一方で全く人工的に設えることにも抵抗がある。「TIME'S」でも、修景として人工の水盤をつくるのではなく、上流から流れてきた水が、このサイトでいったん滞留するように建築と一体化し、また下流に流れていく、京都に生きてきた水空間をつくりたいと考えていました。

——上賀茂神社の神官の家である社家などでも、敷地外部から流れてきた水が敷地内の庭園を形づくり、また流れ出ていきます。しかし、近代的な都市では、私有の敷地が道路や川といった外部空間と関わりを持つことを法律的に制限していますよね。

安藤　まさにその通りです(笑)。だからこそ、「TIME'S」では、その水との関係を取り戻すことで、京都という歴史的につくられてきた都市の一部として、境界のない建築をつくることができるだろうと考えたのです。
最初は、京都の旧い邸宅のように、敷地の真ん中まで水を引き込もうと考えました。しかし、高瀬川は小さな川なのに、一級河川だったんです。だから、河川法で絶対に護岸を切ることができず、敷地に引き込むどころか、川に接するところで直接川に降りていくようにもできないと言われた。さらに、深さ一〇センチほどで、上流で鴨川から分かれるとこ

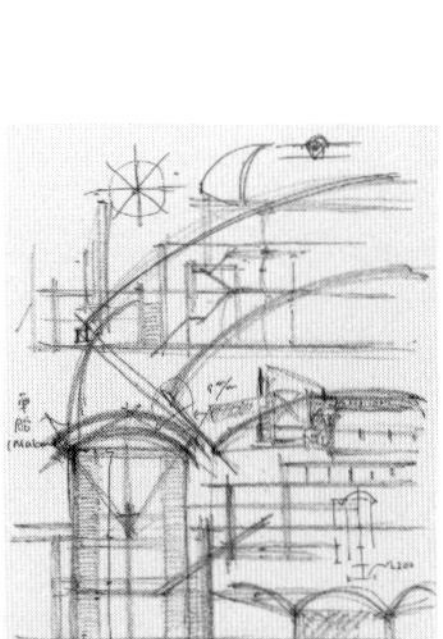

TIME'S、スケッチ

ろで水量がコントロールされているのに、子どもが落ちたら危ないと言われたり、ファッションビルなので、水が近くにあって洋服が湿気たらどうするんだとか、いろいろな立場から反対されましたよ(笑)。行政にもクライアントにも辛抱強く説得に行って、何とか実現までこぎ着けましたが。

最終的には、隣接した高瀬川との一体感を表現として高めていくために、水との関係が安定しすぎていては何も伝わりませんから、極限の緊張関係をつくり出さないといけない。そこで、水際ギリギリまで近づき、水面の上、一〇センチくらいならば、安全性と親水性が両立できると考えたのです。

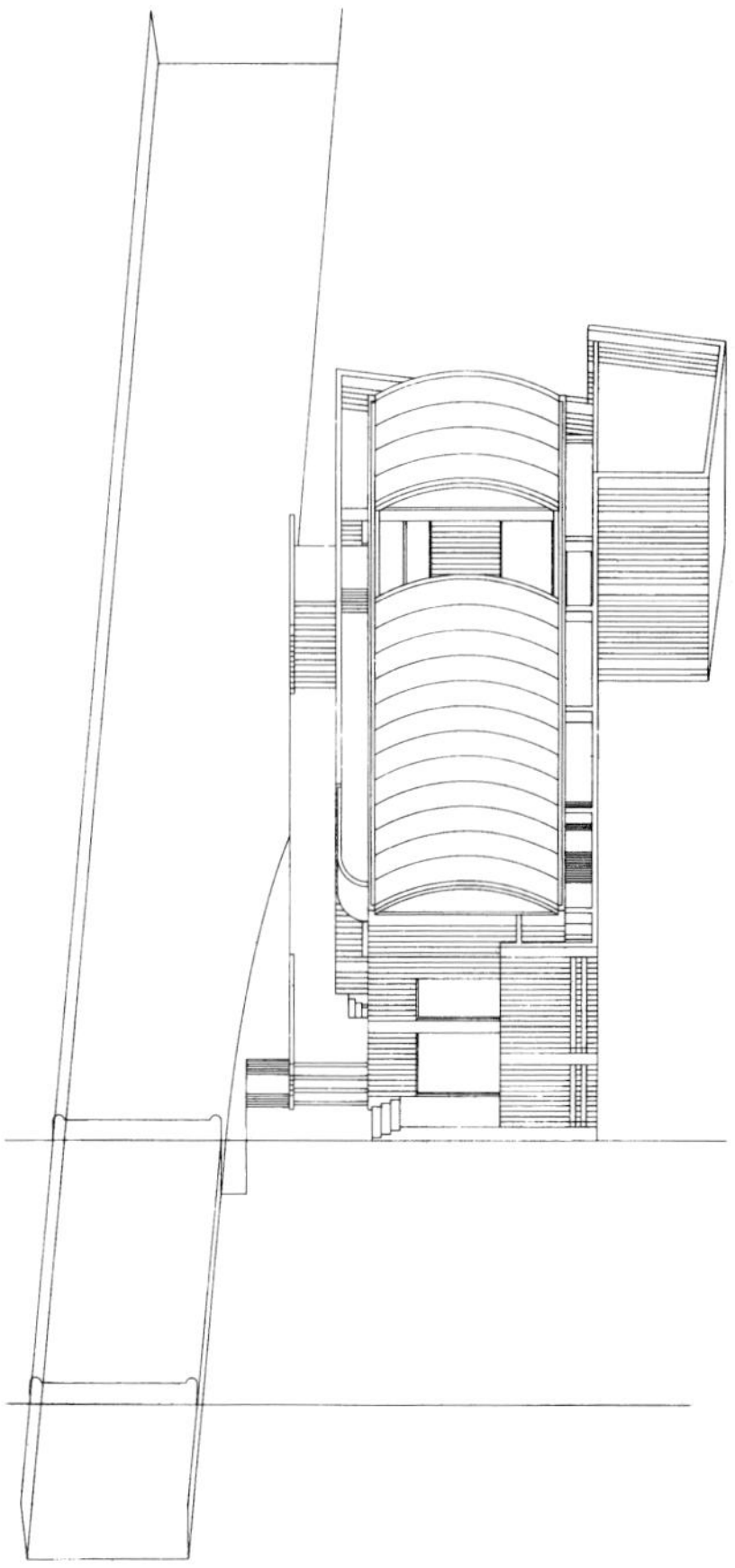

TIME'S、アクソノメトリック

TIME'S

――反対を乗り越えていく時には、どのように考えられていくのですか。

安藤　この場所では、建築と水、人と水の関わりをつくることが、現代の都市空間として価値があるにちがいないと考えていました。でも、建築にとっては、もちろんアイディアだけでなく、材料や工法、クライアントの要望も重要です。このような商業建築の場合、クライアントにとって最も重要なことは、事業として投資効果を持つかどうかです。このようなクライアントの思いは、往々にして建築家の思いと相反し、時に衝突することもあります。しかし、お互いに対話することで乗り越えていこうとするわけです。

商業建築では、できるだけ同じ間口と天井高の店舗を並べ、アクセスしやすいアプローチやショーウィンドウなどが求められますが、「TIME'S」では、そういった画一化を避け、都市の魅力を考えながら、商業的効果も踏まえた提案をしようとしました。具体的には、どの階からも川を見渡せる地上二階建て、地下一階の三層の構成です。一階は、地上レベルで店舗として条件が良い。高瀬川に近づけた分、フロアとして利用できるようになった地階は、川との一体感が強く、個性的で良い。そして、二階は他の階の二倍の天井高を持たせて、京都の町中に開放感をつくり出す。川との関係の取り方から導かれる空間構成、この各スペースの性格付けによって、何とかクライアントに納得してもらうことができました。大切なのは、こうした葛藤のプロセスに身を置きながらも、常に自らの意志を明確にさせ、でき上がる建築として貫けるかというところなんだと思います。

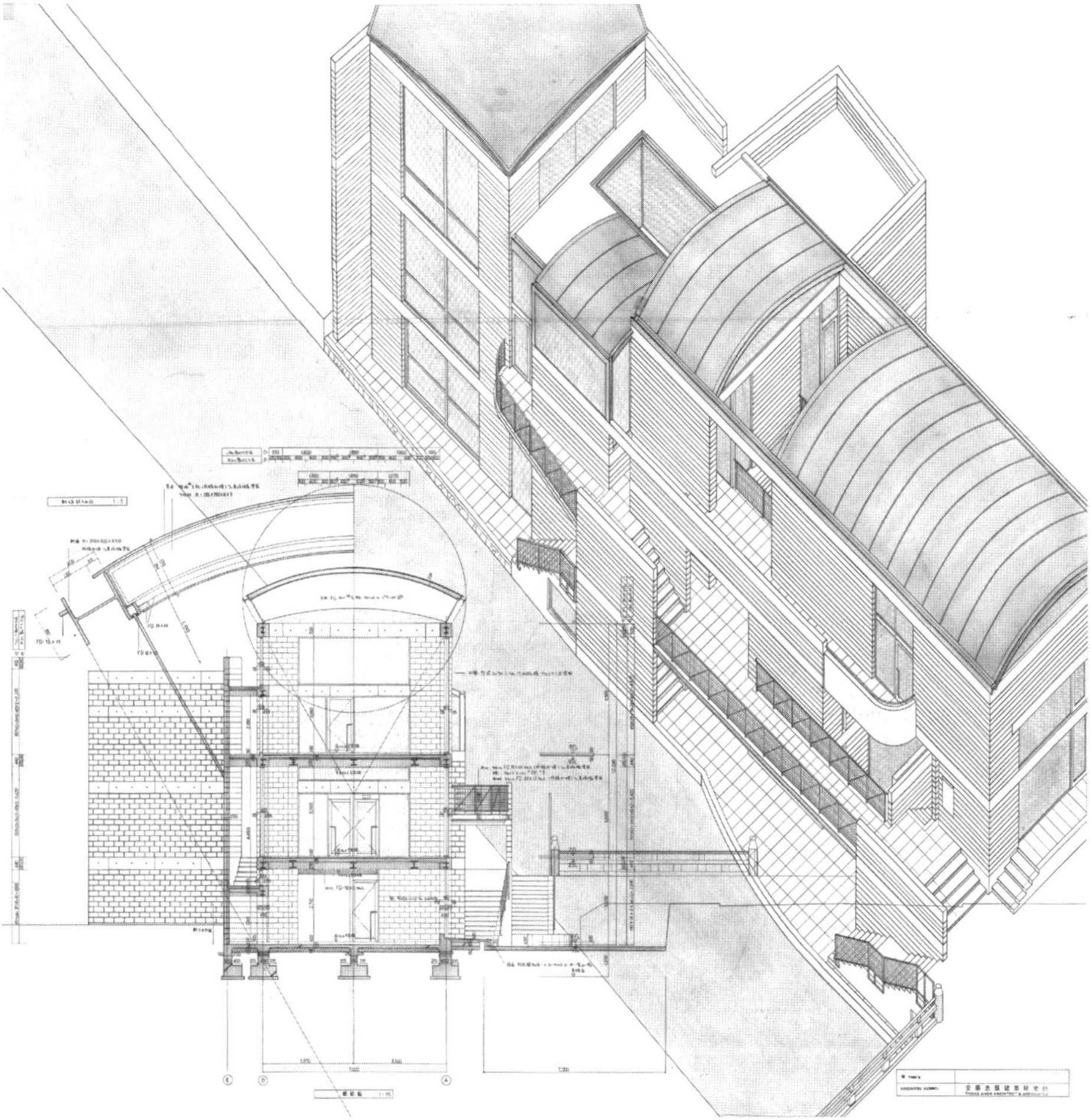

TIME'S、ドローイング

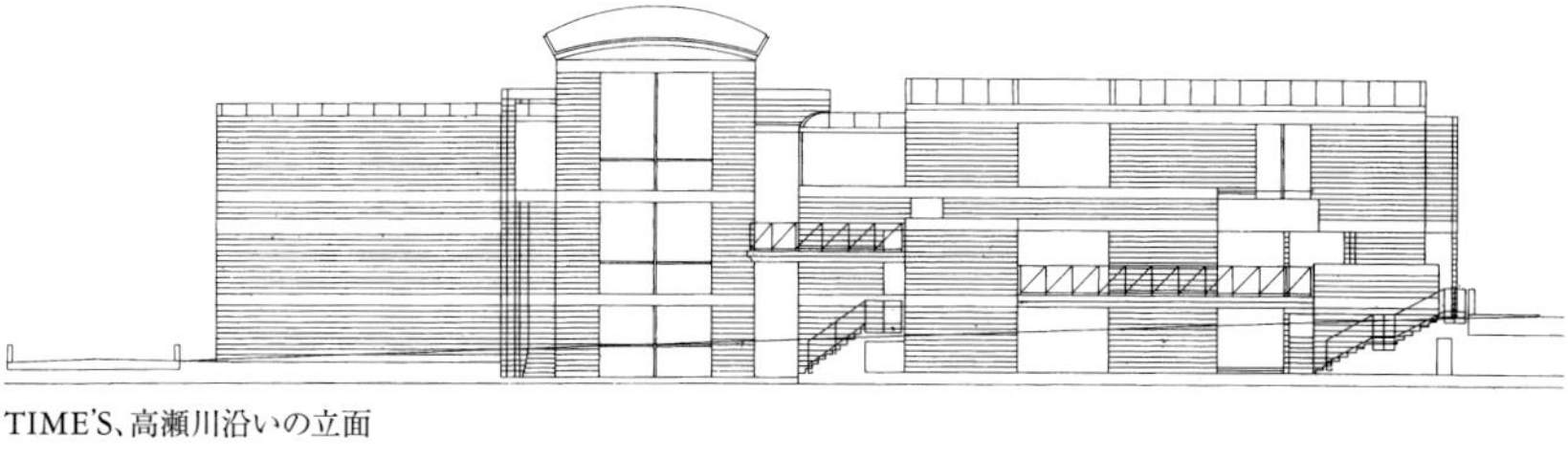

TIME'S、高瀬川沿いの立面

環境に応える

安藤忠雄　1977年

「ローズ・ガーデン」について

敷地は神戸の北野町にある。周辺の状況から、この建物の計画には困難な問題点が多くあった。神戸という都市は、北の六甲山系、南の瀬戸内海に挟まれ、都市内部にあっても、山の緑と海という自然の要素に関わり合う機会に恵まれている。また、地形の関係で南北に坂道が多く、人びとに神戸のオリエンテーションを与えるとともに、都市の光景に変化を与えている。海岸通りには商業機能があり、山側には宅地が拡がるというコンプレクスティをもった街であり、スケール自体、ヒューマンなものである。とりわけ北野町一帯は、高級住宅地で、神戸港開港以来、外人の居留地として発展してきたところである。そこには明治以来外人建築家によって建設されてきた洋館が建ち並び、街に異国情緒を与えている。しかし、都市のスプロール化にともない、建設ラッシュの波が押し寄せ、乱開発の結果、この街は崩壊しようとしている。この街の特性を守るため、異人館保存をはじめ、街並み保存が叫ばれるようになった。そのためここでは、このような景観の問題をどのように受け止めていくか、そして時間の流れの中で、この地域のもっている特性の何を残し、何を継承して行くかという問題に、解答を与えなければならなかった。しかしながら建物が商業施設であるために、投下資本の早期回収を考えねばならず、その上で経済的に有効な建物でなければならなかった。商業自体、情報量をいかに提供し得るかというのが重要な点であるので、建物についても、メディアとしての有効性が問われ、形態のみ新しいデザインが強要されるなどの困難な制約があった。そこで提案したのは、最初に壁を二枚自立させることにより北野町にひとつの場を獲得することであった。それは、北野町という環境を一時内包するとともに、保存する以上にこの場に新たな環境をつくり出していくための装置とすることであった。壁のテクスチュアに煉瓦を選定したのは、異人館のイメージを形態の全貌においてではなく、部分として受け継ぐことにあった。そこで、この地に点在する組積の方法を採用することによって、表面的なものだけでなく、様式として伝統を継承していくことにした。また、煉瓦壁の方向を海に向かわせ、街並みを形成している建物とオリエンテーションを合わせた。というのは、この街にひとつのシステムがあるとすれば、海がこの地域の建物に方向性を与えていると考えられたからで、その方向性を採用することが、街並みと建物との異和感を取り除くことになる。

　道に沿った壁は、海への眺望を可能にするため、三枚に分節し、ズレを起こさせた。壁の上部に鉄骨の屋根を架け、中心に広場を内包させた。

それは、異人館の壁のイメージを引き継ぎ、上部に鉄骨を重層させ、新たに商業施設として生まれ変わるというリニューアルを形態の概念としている。街並みをどうとらえるかという問題について、形態的な類似性を追求するよりも、ヴォリュームに主眼を置き、建物の規模をできる限り抑えた。傾斜地という地形がこの地域一帯を形成している建物の特性の要因であり、建物のヴォリュームも地形によって決定される場合が多い。この地形を考慮することが、地域の特性を建物に反映させることであった。そこで、壁に重層する二棟は、傾斜に沿うようスキップフロアで構成した。その結果、二棟および壁との間につくり出された広場空間に取りつけられた重層したスキップデッキによって、広場の高低感が取り除かれ、スケール的にヒューマンなものとなったように思う。

建物の空間の構成方法は、全体を決定した後に部分を従属させていくという、部分の個性の消滅という方法は採らず、まず部分的な空間のイメージを最初につくり出していき、それらの部分が集積することにより、建物全体のストーリーが形成されていくことを志向した。それは、各部分が語り得るイメージがあってこそ、はじめて全体が語られるというものである。具体的には、三枚に分断された壁のスリットを通して得られる海の光景と、風や光が織りなす空間である。広場の階段の壁を外壁の方向とは意識的にずらしたことが、空間に動きを導き出したようだ。そして、広場に張出したデッキの空の切り取り方、オーバー・パースペクティブにつくられた壁と壁との間隔にある階段、部分的ではあるが、これらを空間的に生きたものにしていき、部分の空間のイメージを集積させて、全体を織りなすことにより、建物全体の空間をつくり得たのではないかと思う。

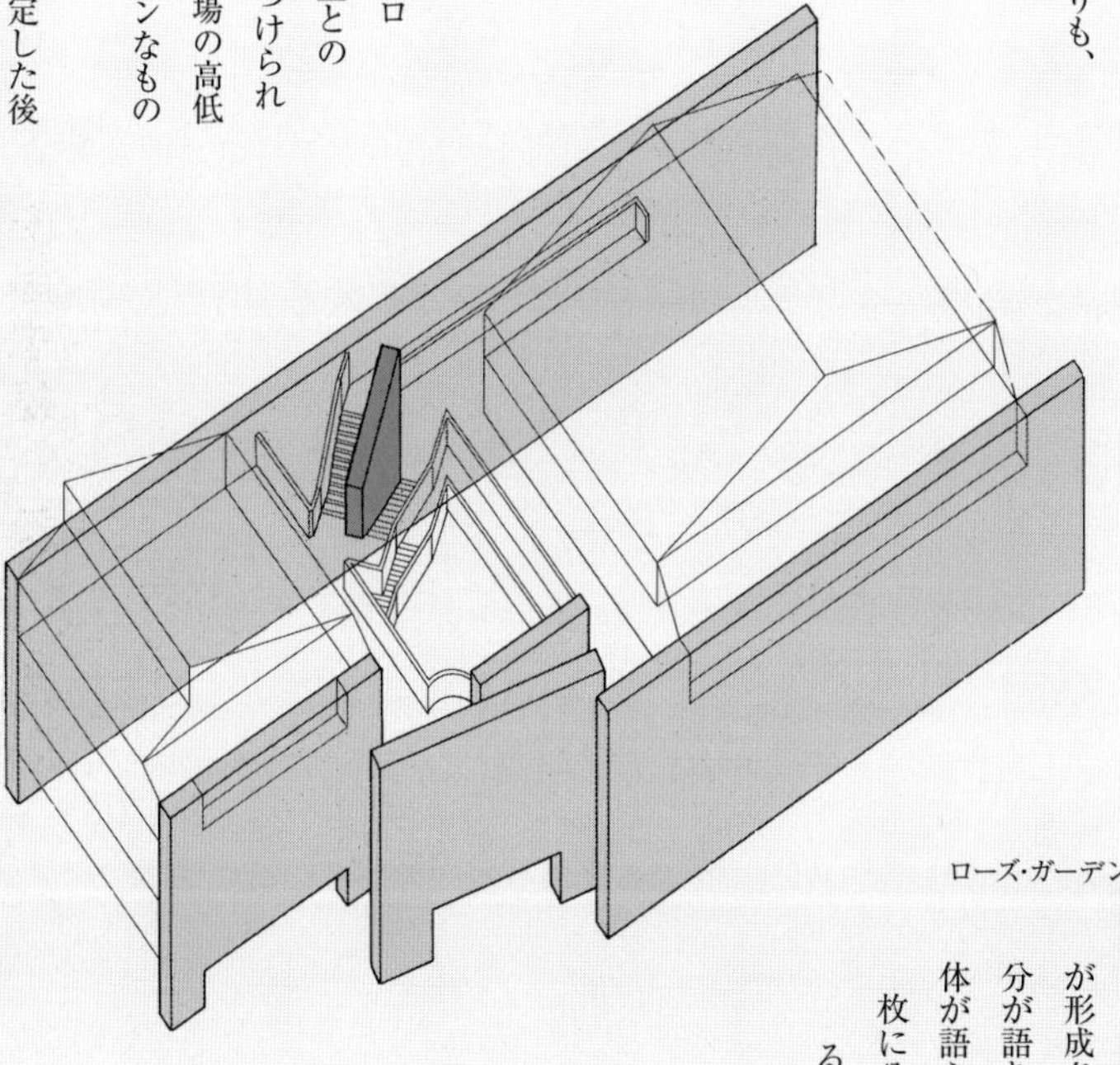

ローズ・ガーデン、アクソノメトリック

第二章　環境を意識すると建築も拡がっていく

環境と対話し、同時に調和する

安藤　元々ある環境を読み解きながら建築を思考していく姿勢は一貫していますが、風景の一部として、自然につながっていくことを意識し始めたのは、やはり都心の住宅というより、郊外の自然豊かなプロジェクトに取り組むようになってからかもしれません。

例えば、北海道のトマムにつくった「水の教会」(一九八八年)。これは元は架空のプロジェクトとして考え、展覧会で展示したものでした。展示を見て、「つくりたい」と声を掛けてくれた人がいて、その次の日には一緒に敷地を見に行きました。そこで、敷地内に流れる小川を見つけ、「これならできる」と思いました。さらに、上流に四〇〇メートルほど上がると、気持ちよく開けた場所があり、人々が集まる広場のようなイメージが浮かびました。そこで、「水の劇場」(一九八七年)というプロジェクトも合わせて提案したわけです。一本の小川をよりどころに、自然の地形の中に、教会と劇場が配置される。二つが水でつながれることによって、この場所が本来持っている力を引き出し、その性格を浮かび上がらせるように考えたわけです。残念なことに「水の劇場」は実現しませんでしたが……。

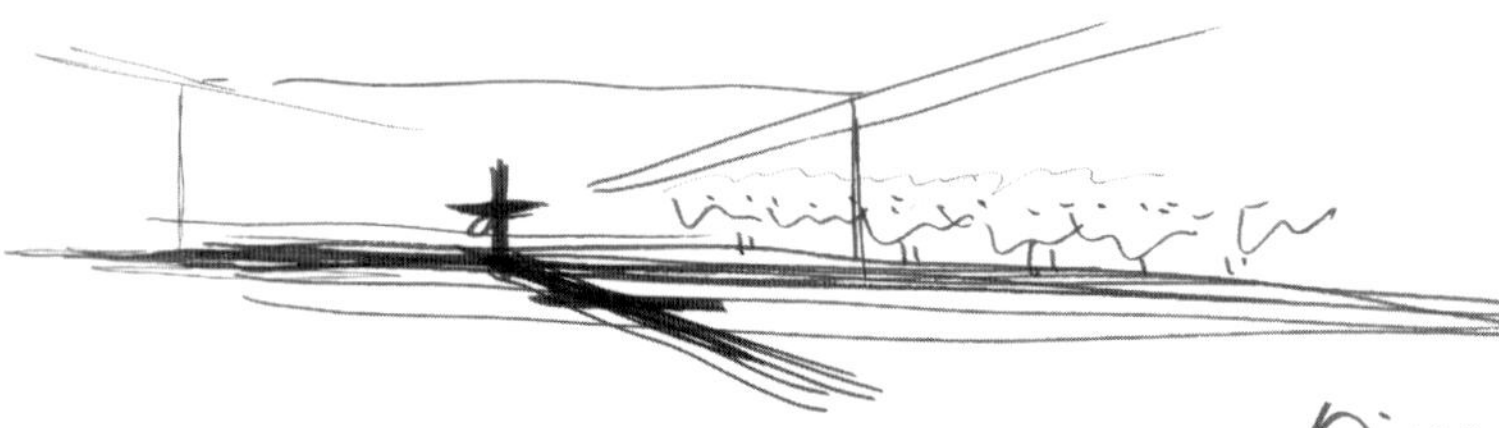

水の教会、初期スケッチ。瀬戸内海に面した敷地を想定していた

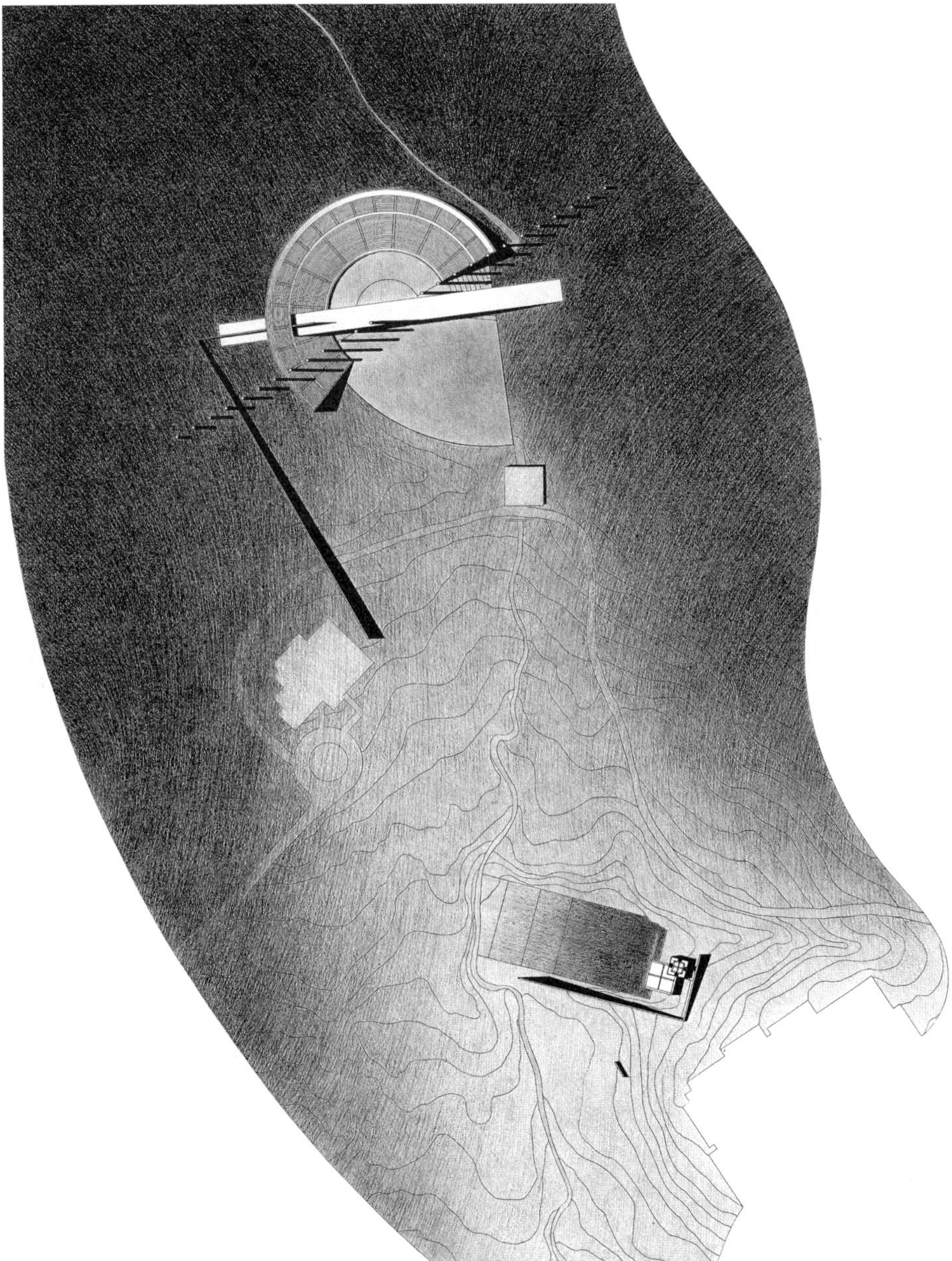

水の劇場(上)、水の教会(下)、配置ドローイング

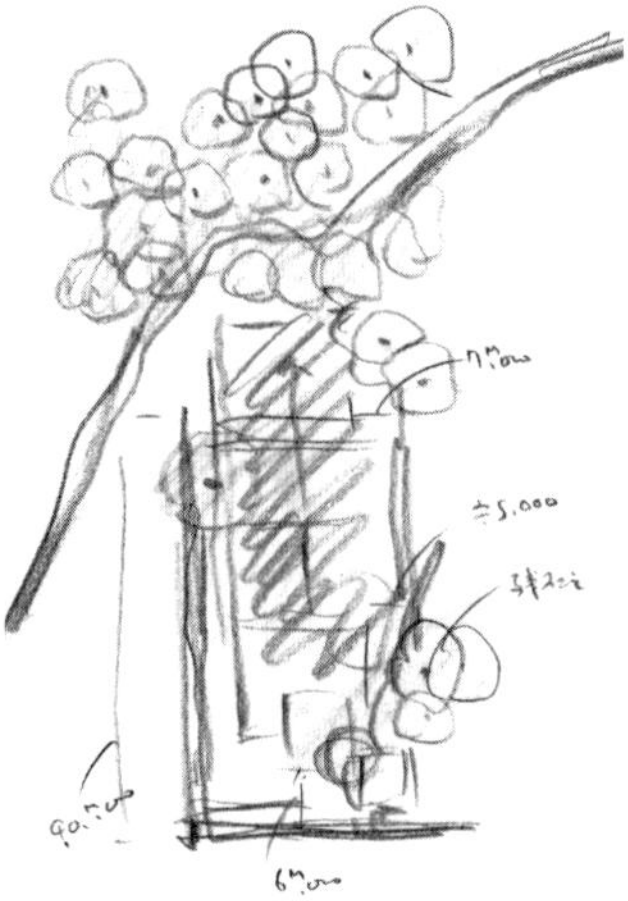

水の教会、スケッチ

水の劇場(手前)、水の教会、模型

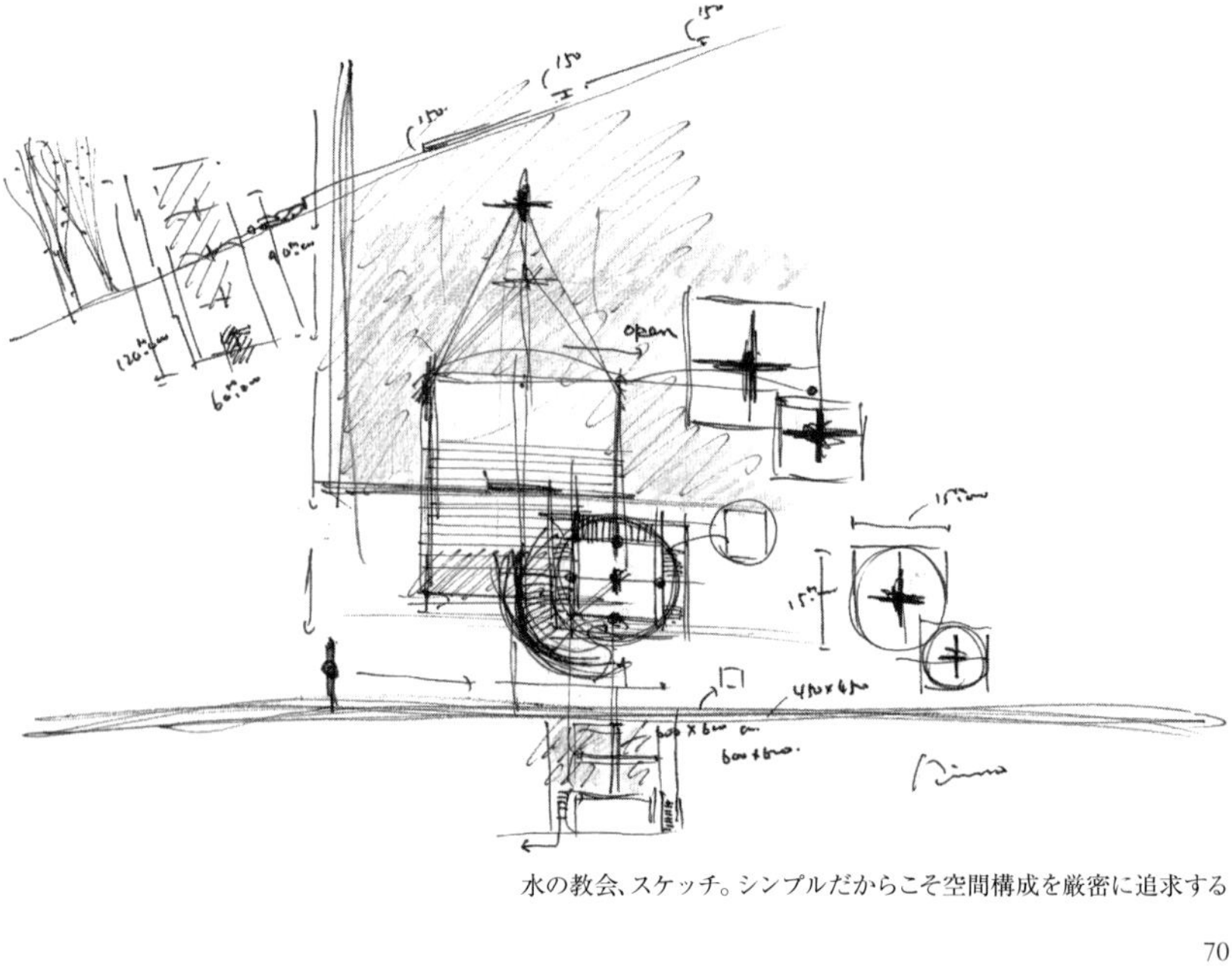

水の教会、スケッチ。シンプルだからこそ空間構成を厳密に追求する

——安藤さんの抽象幾何学による建築は、周囲の自然と対比的なものなのに、水を媒介させることによって、同時に風景の一部にもなっているわけですね。

安藤　そうですね。水は建築を自然から自立させる要素にもなっているし、自然に連続させるものにもなっている。その扱いは、やはり自然のままというより、抽象化された存在になっていると思います。

「水の教会」では、訪れた人が建物にアプローチする時は、水面の存在をあまり感じません。緑豊かな環境に埋め込まれた、コンクリートのヴォリュームの中に入っていく感じ……。そして、礼拝堂に足を踏み入れると、眼前に水面が広がります。あえてこのような構成を採ることによって、コンクリート・スラブにフレーミングされた水面の風景が、自然の中に切り取られた余白と感じられるようにしたかったのです。この余白によって、周囲の環境がより明瞭となり、豊かな自然の存在が奥行きを増していく。それは日本の伝統的な庭園の手法、借景に近い考え方だと思います。

造園の様々な手法は、土木技術など時代の最先端の工学の表現であると同時に、すぐれてその自然風土が育んだ感性の現れでもあります。日本においては、自然に拠り所を求め、それと共生していく空間構成の術を生み出しました。借景も、そこに採り入れられた風景によって、自らの位置を定める空間装置と言える。

例えば、龍安寺の方丈石庭を考えてみると……。一〇〇坪あまりの矩形の庭が低い油

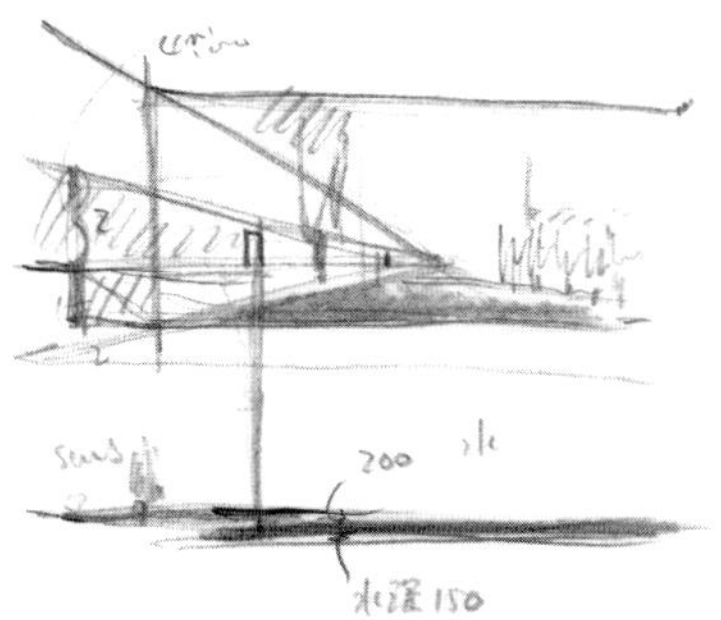

水の教会、スケッチ。開口部を介した寸法関係を検討する

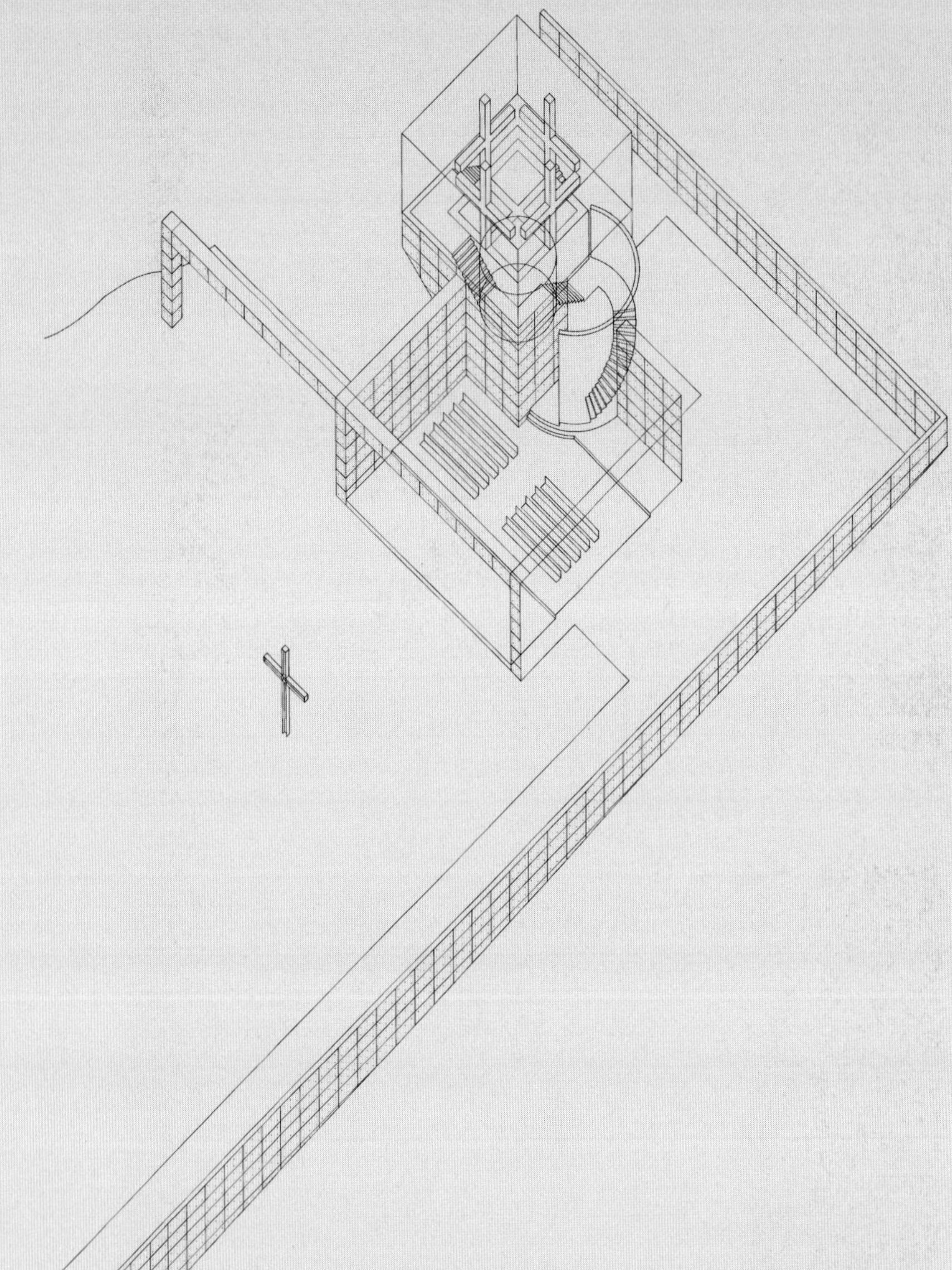

水の教会、アクソノメトリック

水の教会

水の教会、内部より見る。開口で切り取られた自然

塀で囲われ、中は白砂に大小十五の石が配されているだけというものです。抽象度が高く、見る人に多様な解釈を許容する空間は、現代美術に近いものも感じます。普通、中国、南宋の水墨画などの影響の下、禅思想と結びつけて説明されることが多いのですが……。塀があることによって、その向こうに見える桜や紅葉などの木立や背後の庭や自然を際立たせる塀は、そのための装置のように私には感じます。

　このように壁によって空白を切り取り、イメージとしては壁の向こう側まで同時に空間化し、奥行きとして獲得することができる。それは京都東山の銀閣寺のアプローチなどにも見ることができるし、私が設計した淡路島の「本福寺水御堂」（一九九一年）で、蓮池の下に沈められた本堂に至る前庭などでもイメージしていたことでした。

――「兵庫県立子どもの館」（一九八九年）でも、水が重要な要素になっていると思いますが、これは建築のヴォリュームがかなり大きい。そこでは、どのように考えられたのでしょうか？

安藤　「子どもの館」は、私にとって最初の公共建築でした。依頼を受けたのは一九八七年。兵庫県姫路市の計画地を見に行くと、建築の敷地は、全体計画の一〇分の一くらい。残りの部分はどうするのか聞いたら、外構は別の人たちがやると言うのです。私は初めての経験だったからあまり分かっていなかったのですが、公共建築ではランドスケープまで建築の設計者が任されるのはあまりないことでした。しかし、私はそこで求められている建

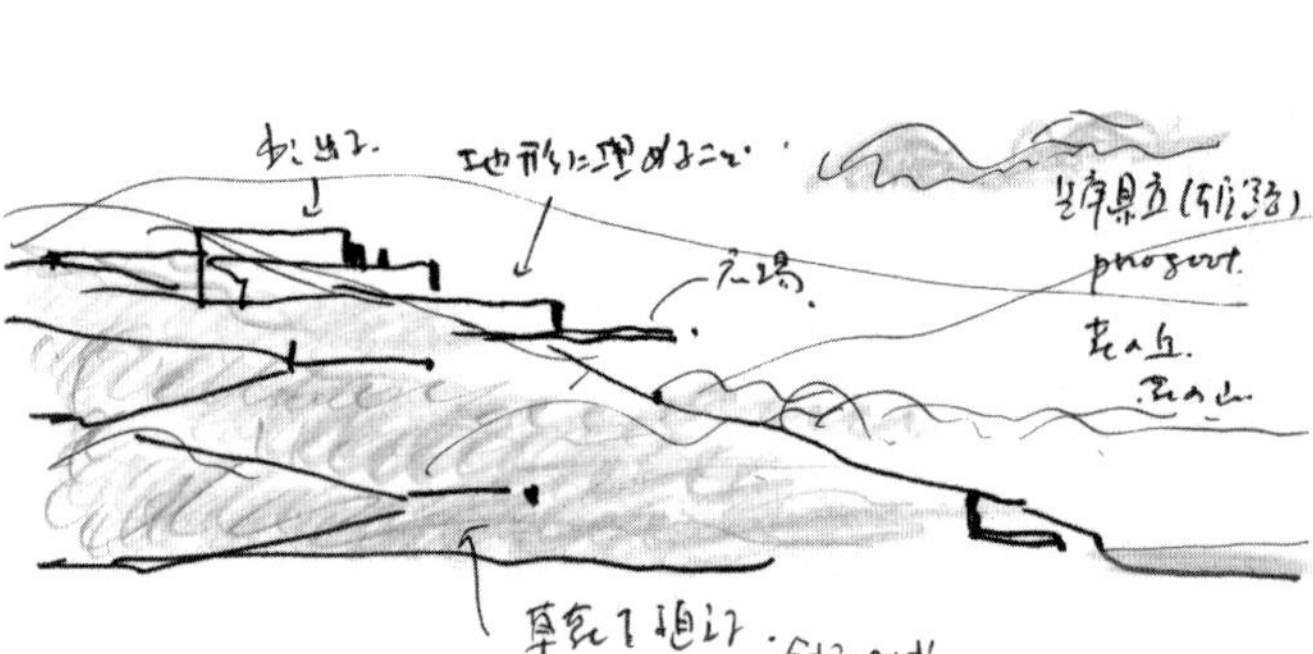

子どもの館、スケッチ。周辺環境と建築ヴォリュームの関係

築に深く関わるならば、一体のものとして考えるのがごく自然に感じられたんですね。そこで、訪れる子どもたちにとっては、ひと続きの体験なのだから、敷地全体でひとつの場所づくりとして考えるべきだと主張しました。すると、当時の兵庫県知事、貝原俊民さんが同意してくれ、私に全て任せると頑張ってくれたのです。おそらく、日本の公共建築で最初の試みだったのではないでしょうか。

敷地は、緑豊かな山裾、貯水池に面して長さ五〇〇メートルほどに広がっています。そこで、子どもたちの活動を、知らず知らずに敷地全体に誘い出すよう、機能を敷地全体に分散して、庭園のように配置することを考えました。子どものための施設ですが、敢えて遊具的なものは置きませんでした。周囲の自然と対話しながら、子どもたちが自由に遊ぶことを考えるように、と思ったからです。つまり、建物を周囲の自然環境に合わせていきながら、場所そのもので求められたプログラムに応えようとしたわけです。

具体的には、メインの本館を池に面するように配置し、コンクリートの列柱が並ぶ屋外の広場、工房という三つの要素を、コンクリートの自立壁を持つアプローチを介して、地形に沿いながら敷地一杯に離して配しました。ここでも、全体をひとつの場所としてつなげるために、この敷地にあった水をきっかけに水庭を構成しています。本館は、どうしても大きなヴォリュームとなるため分節し、周囲との関係をつくる水庭に、建物の一部として半外部を囲うフレームを貫入させています。

兵庫県立子どもの館

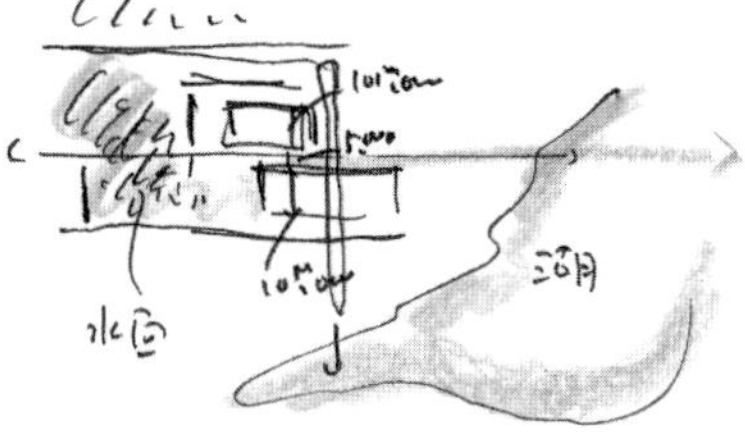

子どもの館、スケッチ。
ずらした建物の周りの水面によって湖と関係づける

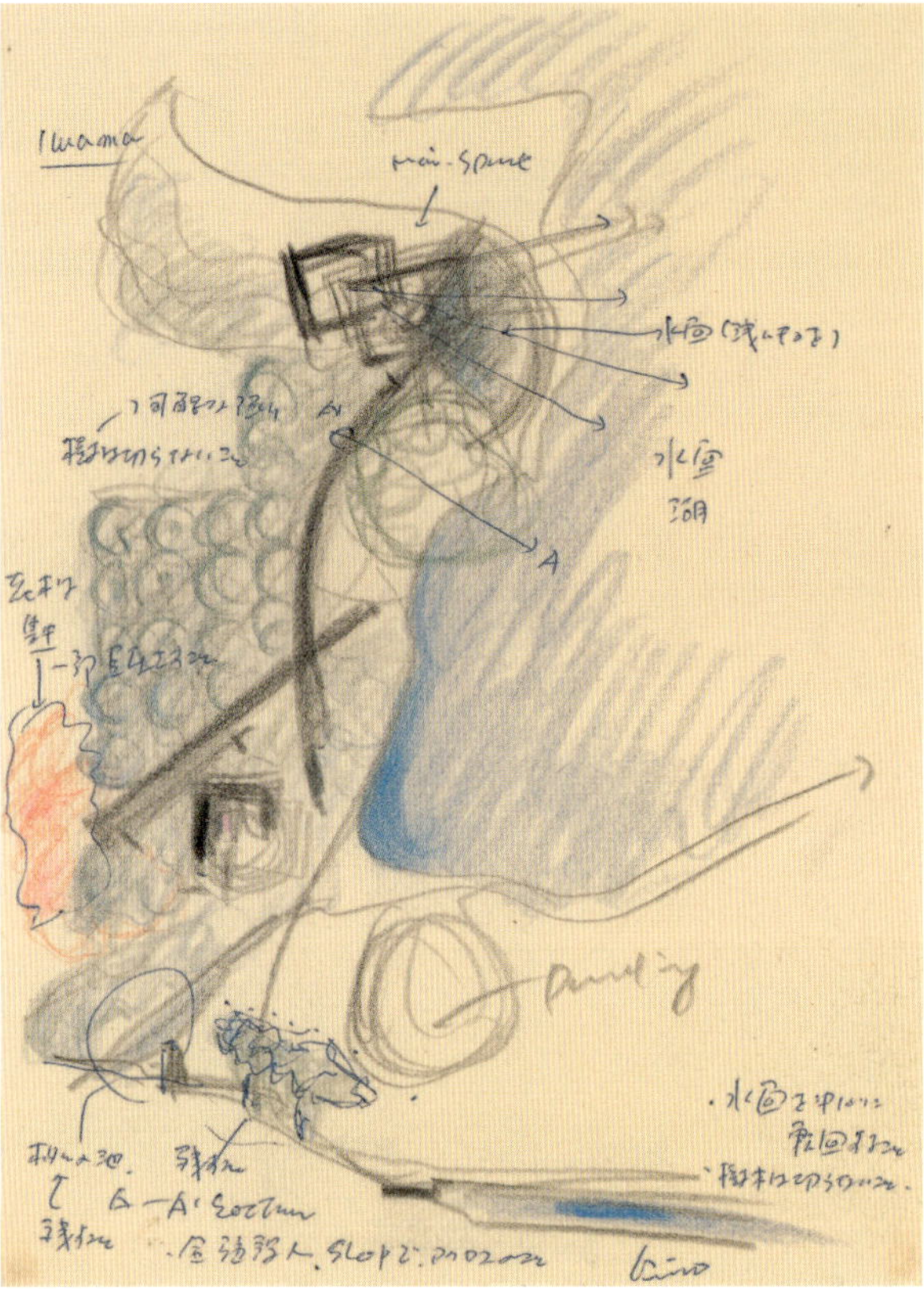

子どもの館、配置スケッチ。地形に沿って機能を分散させる

子どもの館、スケッチ。全体の関係の中で円形の多目的ホールを湖に向ける

兵庫県立子どもの館

——「子どもの館」で用いられた水庭は、地形に沿ってカスケード状になりながら、池のような水平的な広がりも感じさせる。やはり人工的な要素ですよね。

安藤　より強く、確かな存在として自然を意識させたいからこそ、あくまで人間の手によって再構築された、抽象化された「自然」でないとだめなんですね。

「子どもの館」で敷地全体を庭園のように考えたことは、その後、隣地に「姫路市立星の子館」（一九九二年）ができ、さらに拡張されることになります。これは、「子どもの館」に来る子どもたちが泊まれる施設をつくりたい、という貝原さんの考えからスタートしました。ちょうど、隣が姫路市の敷地だったので、当時の姫路市長、戸谷松司さんに話をして、賛同してもらった。そこで「子どもの館」と、基壇部の階段状広場から散策路を介して連続するように配置しました。クライアントは異なりますが、子どものためのひとつの場所、あるいは庭園＝環境的な建築としてつくることが、関係者の思いの原点として共有されていたのだと思います。

子どもの館、スケッチ。水景

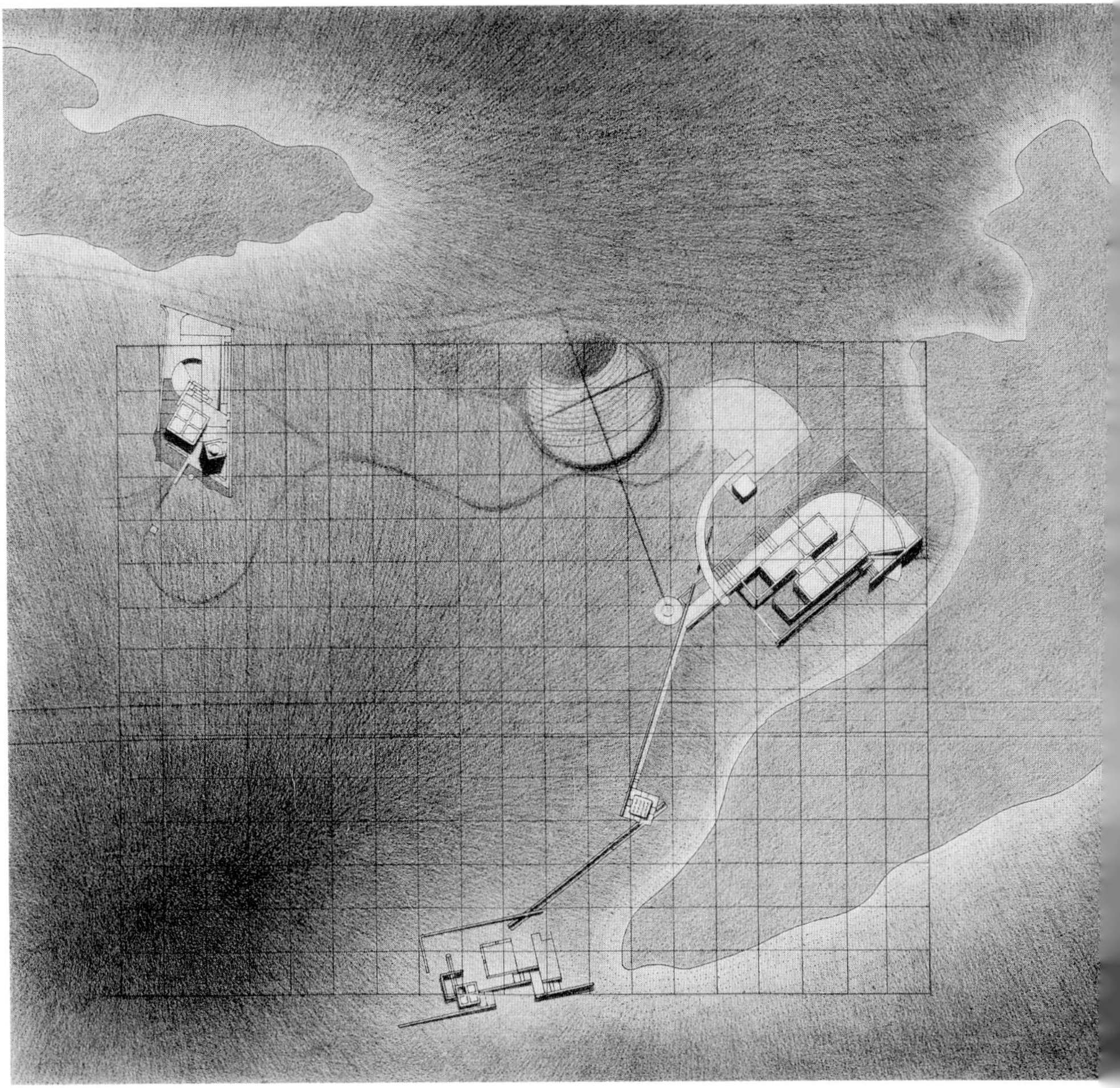

兵庫県立子どもの館(右)、姫路市立星の子館(左)、配置ドローイング

歴史と自然環境を未来につなぐ

――安藤建築が環境と印象的な関係をつくっているものということでは、「大阪府立近つ飛鳥博物館」(一九九四年)があります。博物館というより、現代建築がひとつの遺跡のようになっているというか……。

安藤　「近つ飛鳥」は、「子どもの館」の後に取り組み、その思考を展開したものと言えるかもしれません。ただ、「近つ飛鳥」の少し前、ほぼ同時期に「熊本県立装飾古墳館」の設計に取り組んでいたことが、大きなきっかけになったように思います。

「古墳館」は、現代的な地域づくりの方法として始まった、くまもとアートポリスの一環としてつくられた博物館です。敷地は、熊本県北部に位置する岩原古墳群内の平地。二五〇メートルはなれたところに、双子塚古墳という前方後円墳があり、それを中心に円墳など八基の古墳が取り囲む。さらに周囲には、二〇〇基以上の横穴墓が密集しているエリアです。

ピラミッドや古墳など古代のスケールをイメージする

大阪府立近つ飛鳥博物館

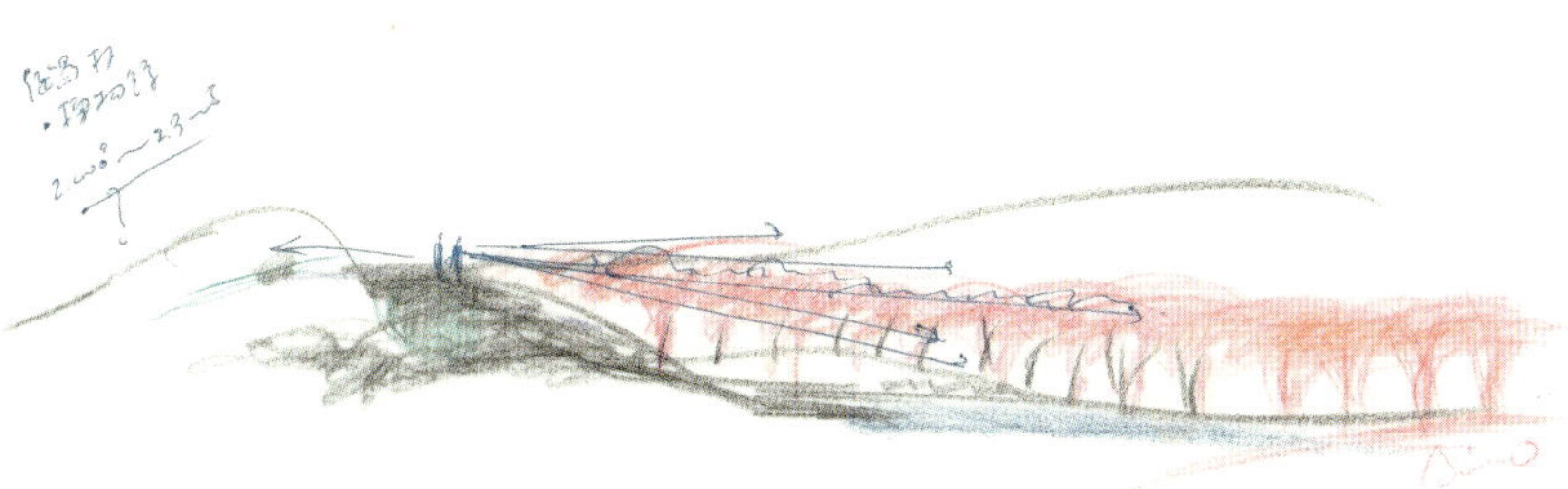

近つ飛鳥博物館、スケッチ。周辺環境に対する「場所」のイメージ

熊本県立装飾古墳館

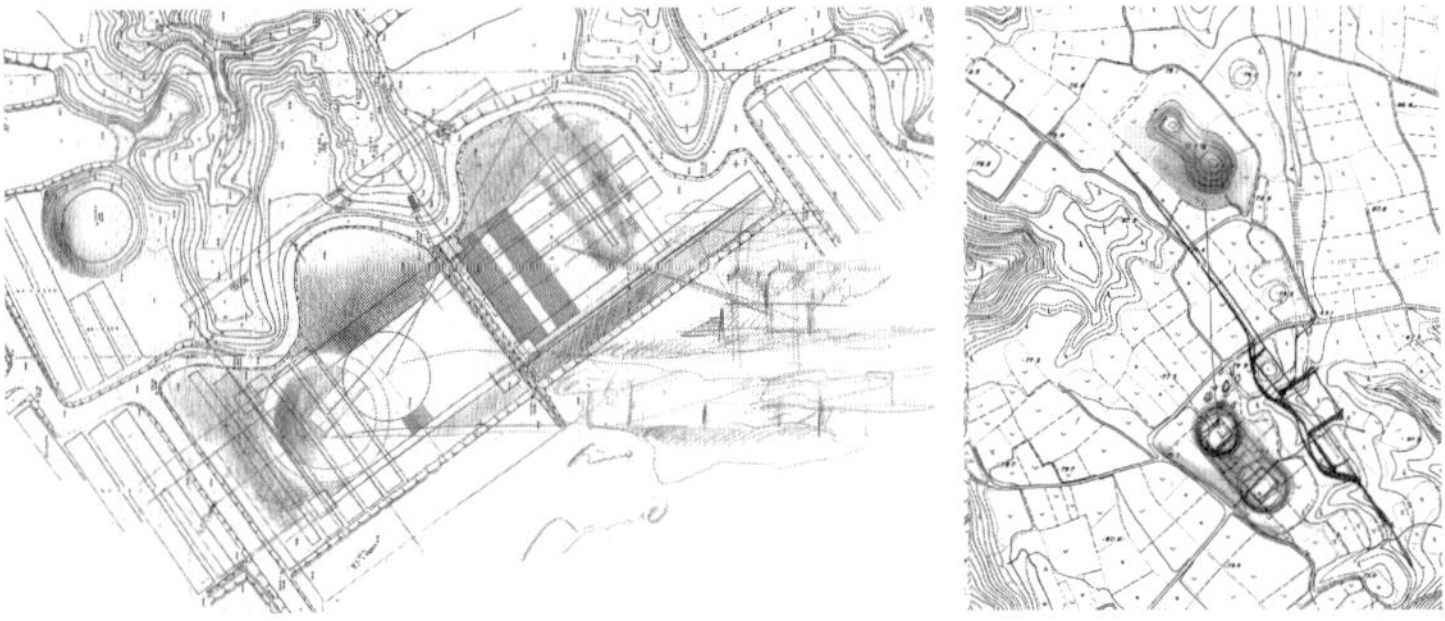

装飾古墳館、スケッチ。右は、双子塚古墳との関係を検討

双子塚古墳は、その墳丘の形や大きさ、姿の美しさなど、日本屈指の古墳だと言われています。そこから、周囲の古墳のある風景全体をそのまま見せる、基壇状の建物を、双子塚古墳に呼応させながら配置することを考えました。いわば、環境自体を「展示」する博物館のアイディアです。

建物は、約八〇メートル×二五メートルの矩形と半径十六メートルの円弧、そして円に貫入するL字型の壁からなります。そして、双子塚古墳と点対称となるよう配置され、周辺環境から突出しないよう大半を地中に埋めました。現代の古墳として、単なる位置関係としての対比を超えて、過去と現在の時間的関係を現したいと考えたのです。

そのための仕掛けとして、駐車場は意図的に建物から遠く離し、来館者は直接建物にアプローチするのでなく、いったん車から降り、緑豊かな森を巡りながら資料館へ向かう。資料館では、円弧の内側が展示室のある地下まで掘り抜かれた中庭＝ヴォイドになっており、円弧内側に沿って螺旋状のスロープを降りていくことで、過去から現代へと続く雄大な時間の流れが感じられるように考えました。

――「近つ」では、そのような建築的構成と比べて、さらにスケールの大きい風景との空間構成とでも言う要素が強くなっていると感じます。

安藤　古墳文化の研究・展示施設である「近つ」の敷地は、日本有数の古墳の密集地で、三

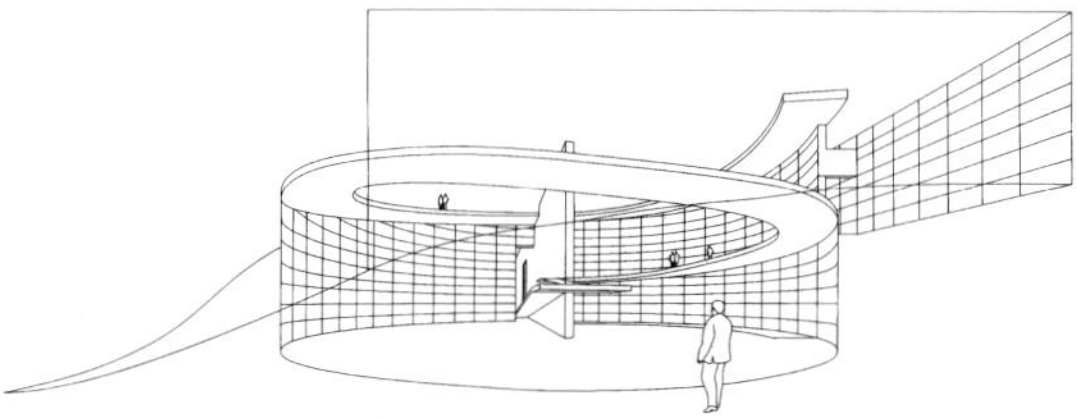

装飾古墳館。直径30mの円弧内には発掘現場があり、スロープが現代と過去をつなぐ

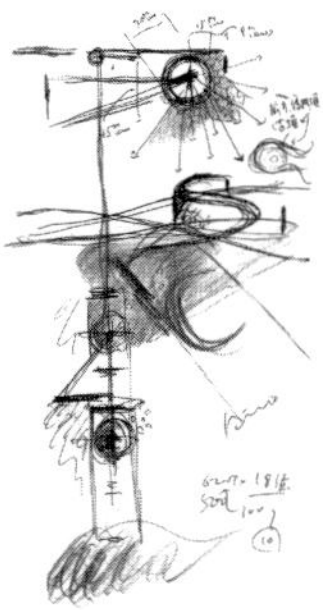

装飾古墳館、スケッチ

○万平米もの広さを持つ史跡公園の中にあります。近つ飛鳥とは、古事記の記載にもあるように、古代の都、難波宮から見て、奈良の飛鳥より近くの飛鳥だということで名付けられた歴史ある地域です。周囲には、四基の天皇陵をはじめ、聖徳太子や小野妹子の墓など、一〇〇〜二〇〇もの古墳が点在している。少し離れると、有名な仁徳天皇陵もあります。

最初に、大阪府の人に敷地周辺を案内してもらったのですが……。とても嬉しそうに、それぞれの古墳について説明してくれるわけです。それで、古墳の空間が気持ちいいから、ぜひ中に入ってくれと(笑)。お墓ですから、私はあまりその気持ちは分からなかったけれど、このたくさんある古墳、それが点在する環境そのものが、この博物館の素晴らしい展示物だと思ったわけです。だから、まず敷地を巡る散策路があって、建築はその地域を見渡すひとつの丘としてある。その中に、数々の出土品を展示していく。従来の、出土品の展示を主とする博物館の枠組みの、全く逆の発想でスタートしたわけです。

豊富に水をたたえた池のそば、緑豊かな谷間の敷地でしたから、その地形と対比的な隆起した丘のイメージでヴォリュームの検討を重ねました。その丘だけがイメージにあったと言ってもいいでしょう。丘に登ると、周囲の古墳と共に、周囲の豊かな自然を一望でき、初春には梅、初夏の新緑、秋の紅葉と、風景の彩りを楽しめる。この建築は、人と歴史、歴史を積み重ねてきた場所の対話を促す装置となるわけです。

この歴史ある地域に対する、活動の中核になることがイメージされていましたから、丘

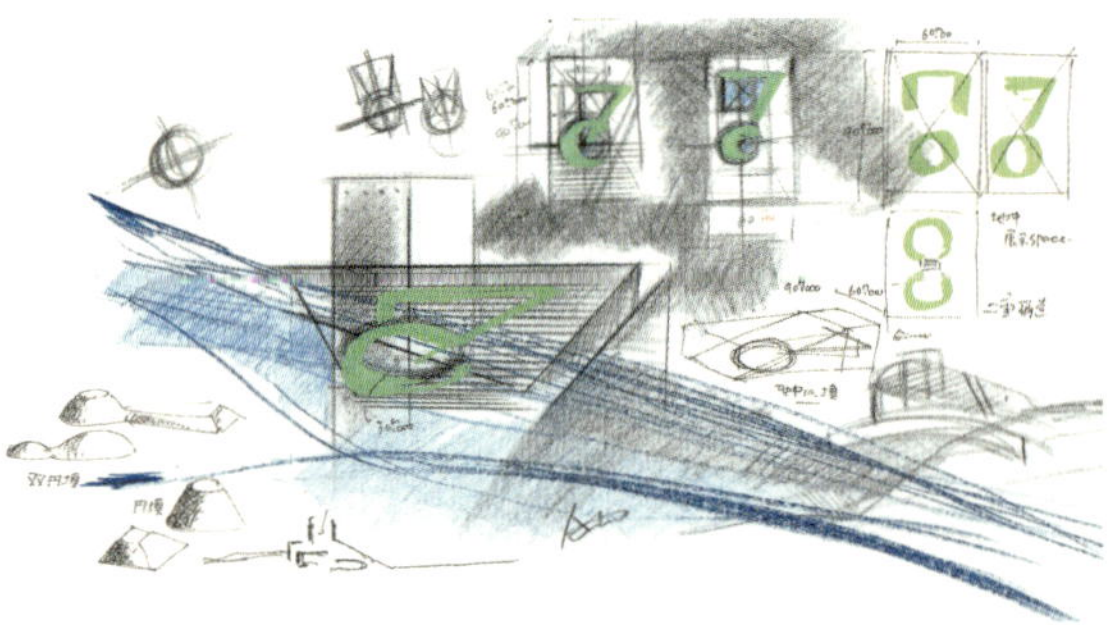
近つ飛鳥博物館、スケッチ。丘のような建築の内部に古墳のような展示空間を埋め込む

は人々が集まり、音楽祭や演劇祭、レクチャーといった様々なパフォーマンスが行われるよう、階段状の広場としました。展示室など博物館の全ての機能は、この階段の下に収められます。展示室は前方後円墳をかたどったプランになっており、古墳の中にあった時と同じ状況で出土品を見ることを意図しました。また、同時に時空を超えた「黄泉の国」のイメージも重ねていたんです。だから、階段広場に突き刺さるような展望塔の内側は、内部空間に深い奥行きを持つ闇をつくり出す装置にもなっています。

――熊本の「古墳館」より、さらに広い環境が意識されているようですね。

安藤　確かに全体の構成も、より大きなランドスケープの一部だという気持ちがありました。その意識もあって、元々あった梅林を増やすように、竣工後も継続して梅を植えています。

例えば、一年に一度、「近つ」で講演会をすると、一〇〇〇人くらいの人が集まってくれます。その人たちに、一人一〇〇〇円の会費をいただけば、一〇〇万円になる。それを植栽の費用に充てています。これは地域の人にも積極的に参加してもらい、子どもたちにも写生をしてもらったりしながら、一年に五〇本ずつくらい植えていっています。すると、地域の人たちも自分たちの建物だという意識が芽生えてくるんですね。何か、建築単体を超えて、環境が主題になっていると感じます。

近つ飛鳥博物館、スケッチ。人々が集まる屋上の階段広場のイメージ

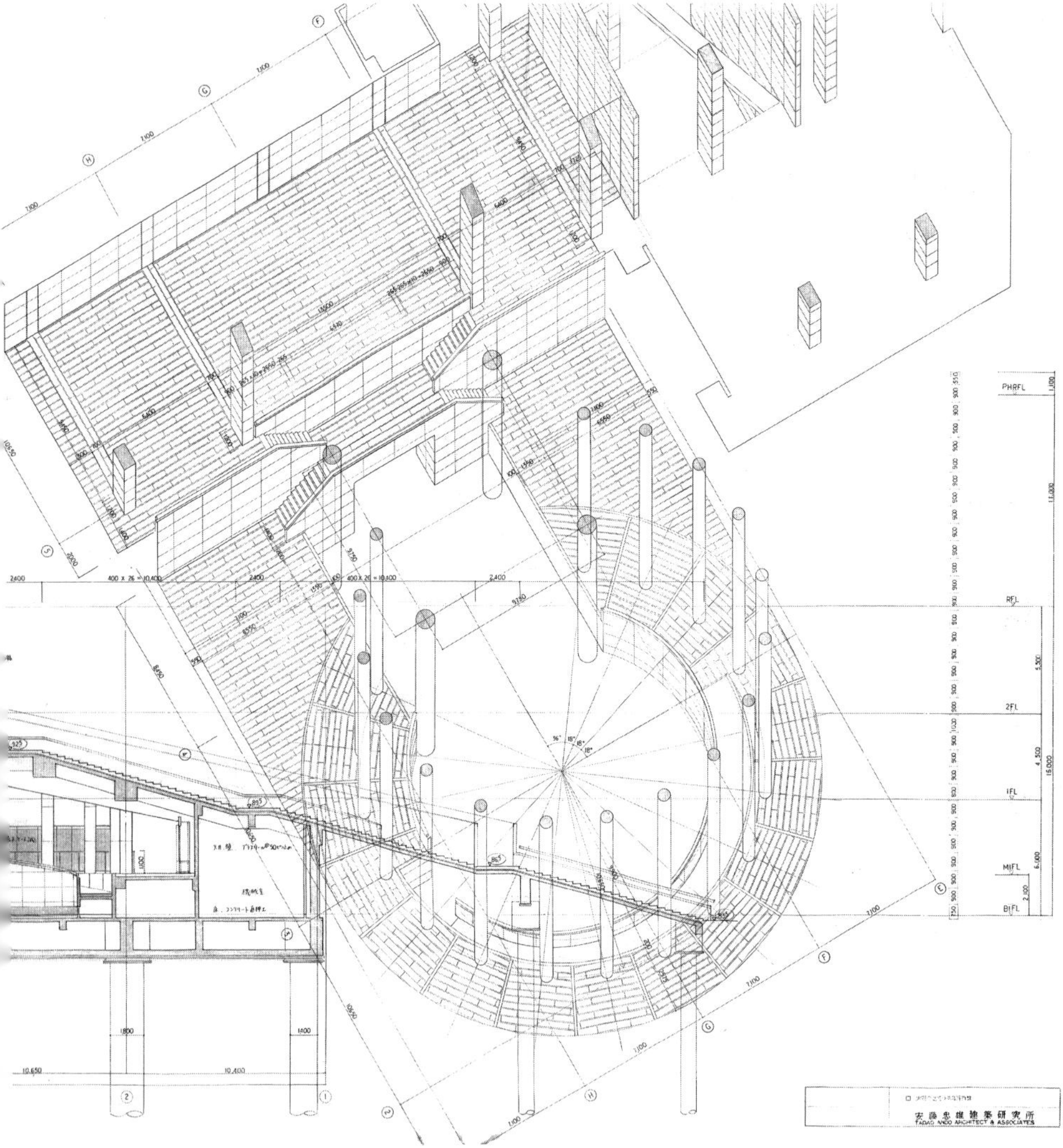

近つ飛鳥博物館、断面及び展示空間のアクソノメトリック。
古墳のような内部と闇の空間をつくり出す塔

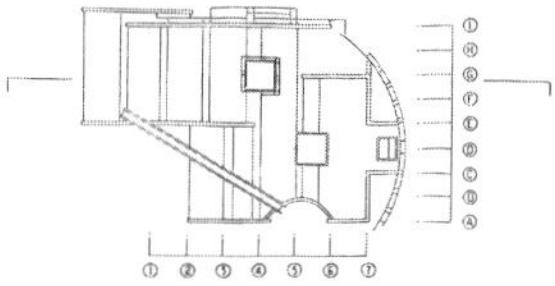

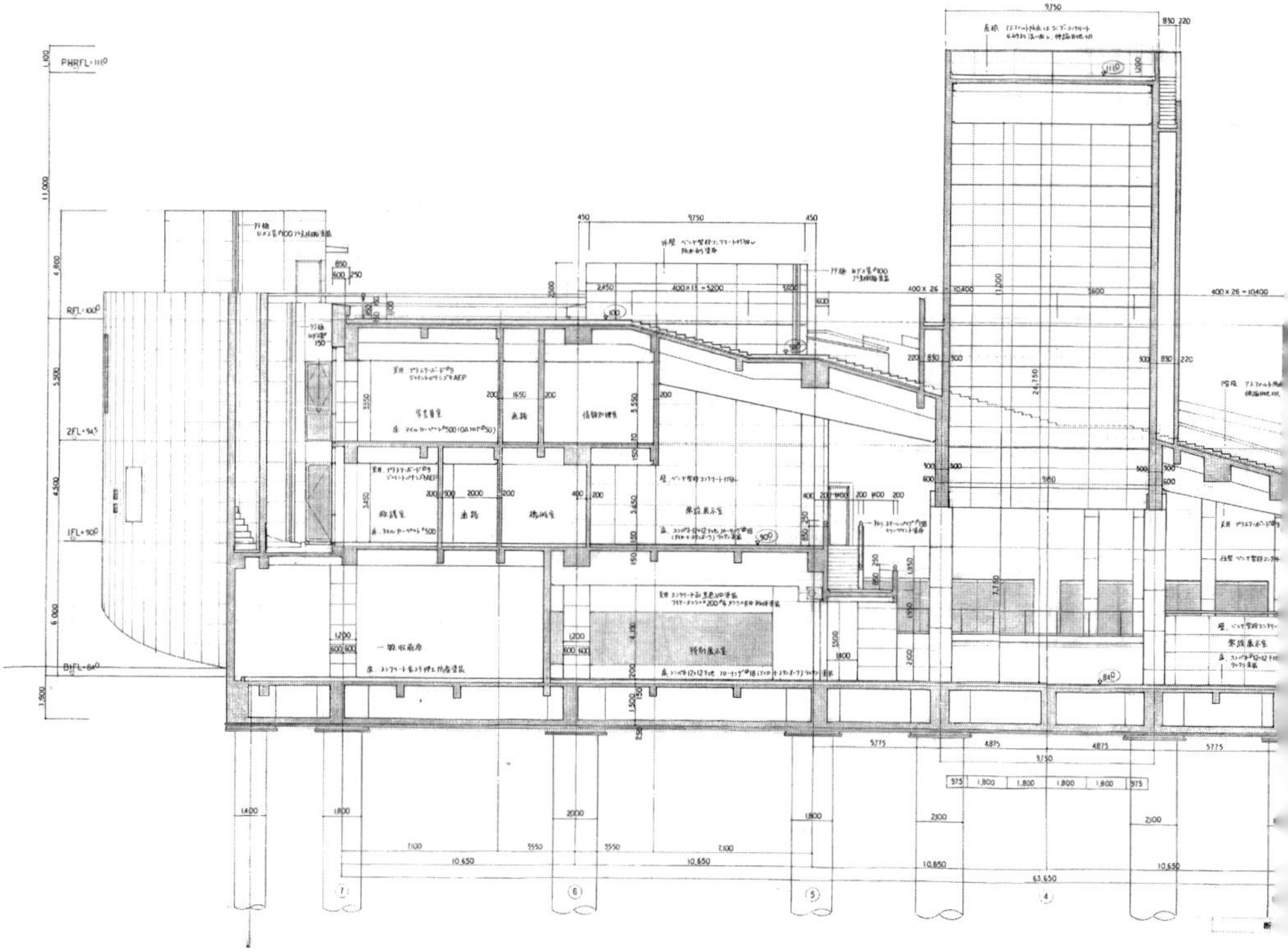

近つ飛鳥博物館、梅林越しの風景

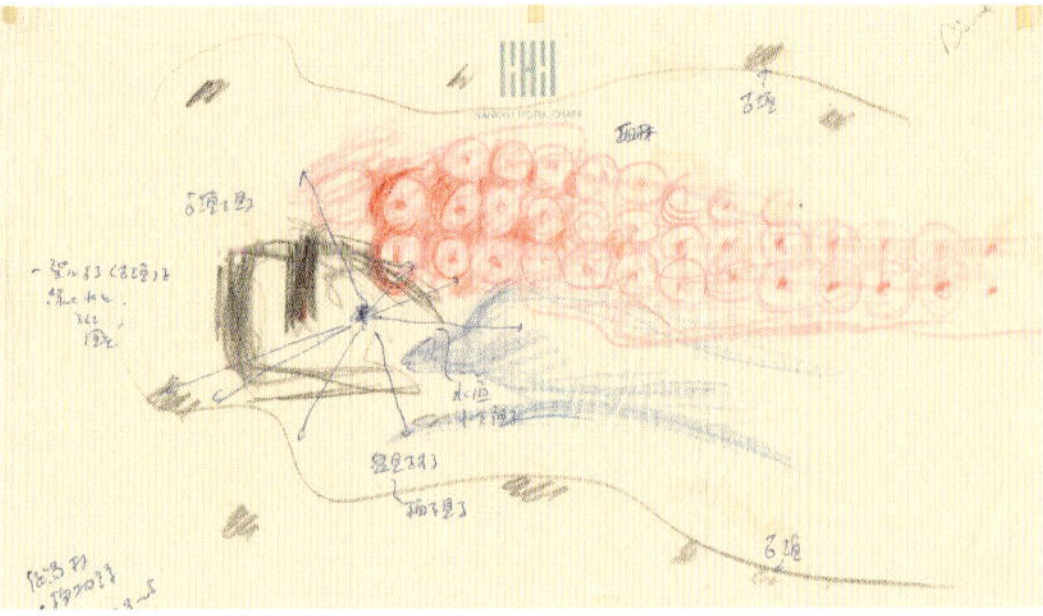

近つ飛鳥博物館、スケッチ。地形の中に埋め込まれた建築

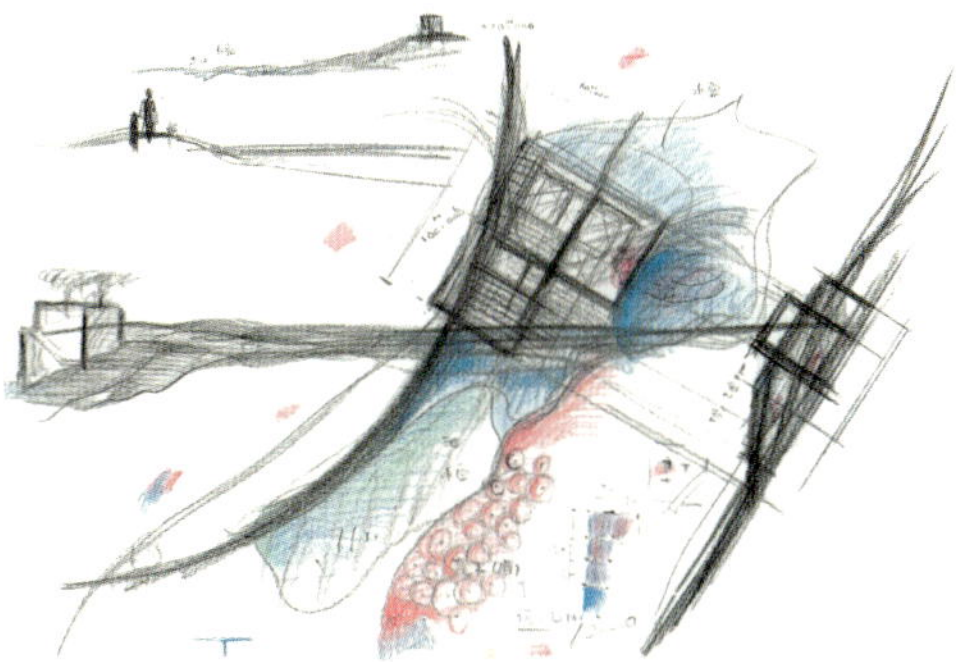

近つ飛鳥博物館、スケッチ

「山」がつながり、地域をつくる

安藤　一九九四年の「近つ」の完成と前後して、「大阪府立狭山池博物館」の計画がスタートしました。敷地は「近つ」から西に一〇キロほど離れた位置にある日本最古のため池狭山池のほとり、日本の治水事業の歴史を伝える博物館で、ここでも環境そのものを展示物と見立てたような、環境一体型の建物をつくりました。

実は、この「近つ」と「狭山」の設計の過程で、いろいろと地域の歴史を学んでいくうちに、この地域にとって大和川の存在が、非常に大きな歴史的意義を持つことを改めて実感しました。古代、大阪が難波津と呼ばれていた頃、大阪は奈良、飛鳥へ大陸からの渡来文明が伝わる玄関口であり、大化改新後と、八世紀の聖武天皇の時代と二度、都が置かれたこともある。その古代大阪と大和を結ぶ大動脈が大和川でした。その幾つもの支流沿いには、河内の仁徳陵など数多くの墳墓はもちろん、飛鳥、三輪、布留、奈良といった文化的な地域が点在していたわけです。そのように自然環境や地形と関わりながら、文化的な拠点がネットワークされていた。考えてみると、有名な吉野の桜でも、下千本、中千本、上千本、奥千本と場所ごとにできた名所がつながり、山の尾根の地形に沿って、金峯山寺などの堂宇が点在しています。そういう「山」が、大峰山や葛城山、熊野三山とネットワークしていくわけです。そのような歴史の中にある地域のつながりを、現代に再生できれば、何か意味のある文化的仕掛けができるのではないかと考えたんですね。

大阪府立狭山池博物館

狭山池の堤に咲く桜と狭山池博物館(2011年撮影)

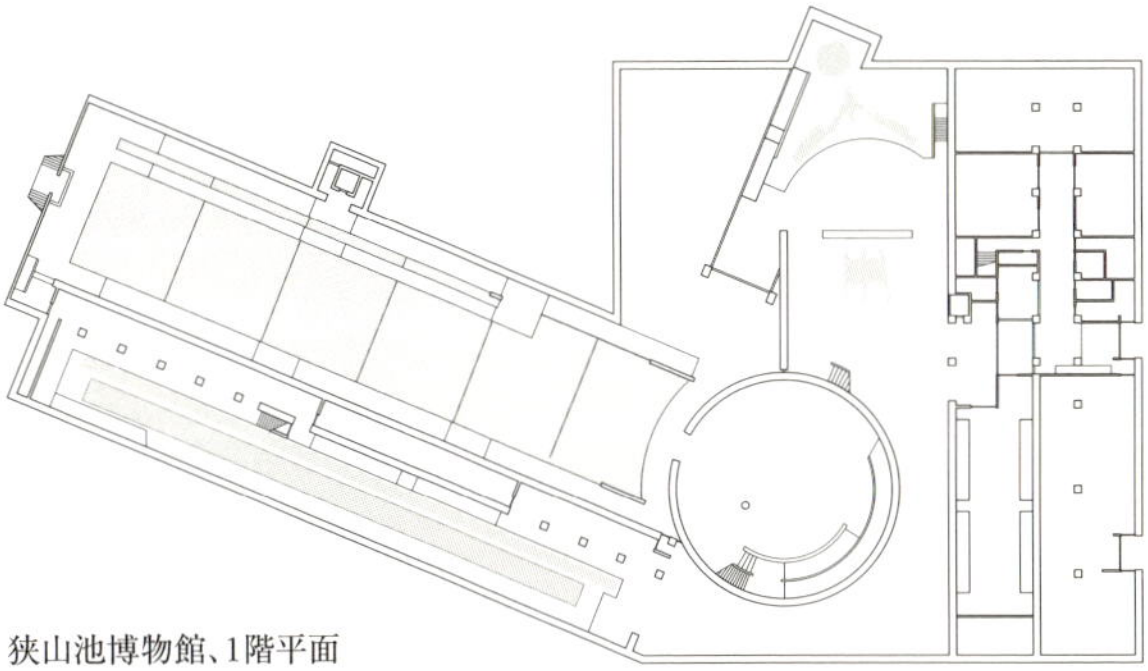

狭山池博物館、1階平面

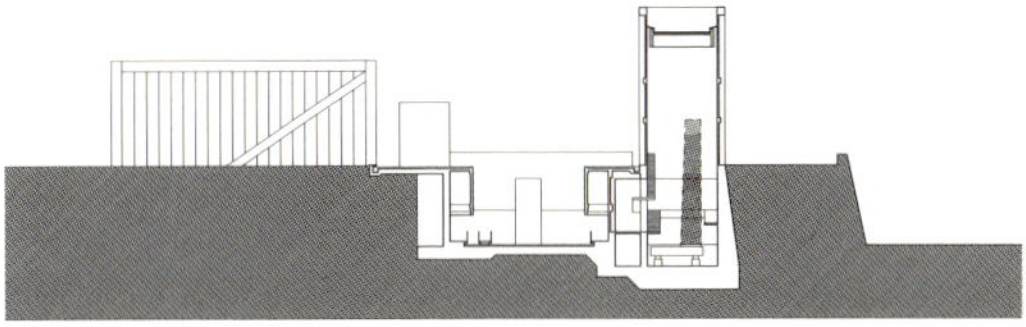

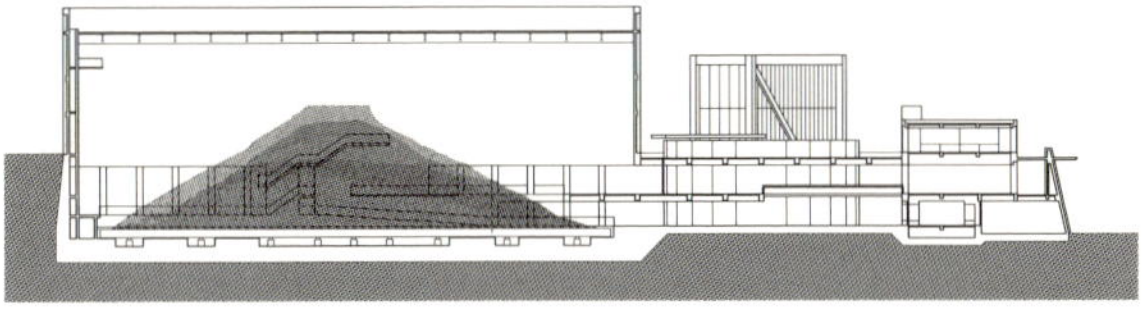

狭山池博物館、断面

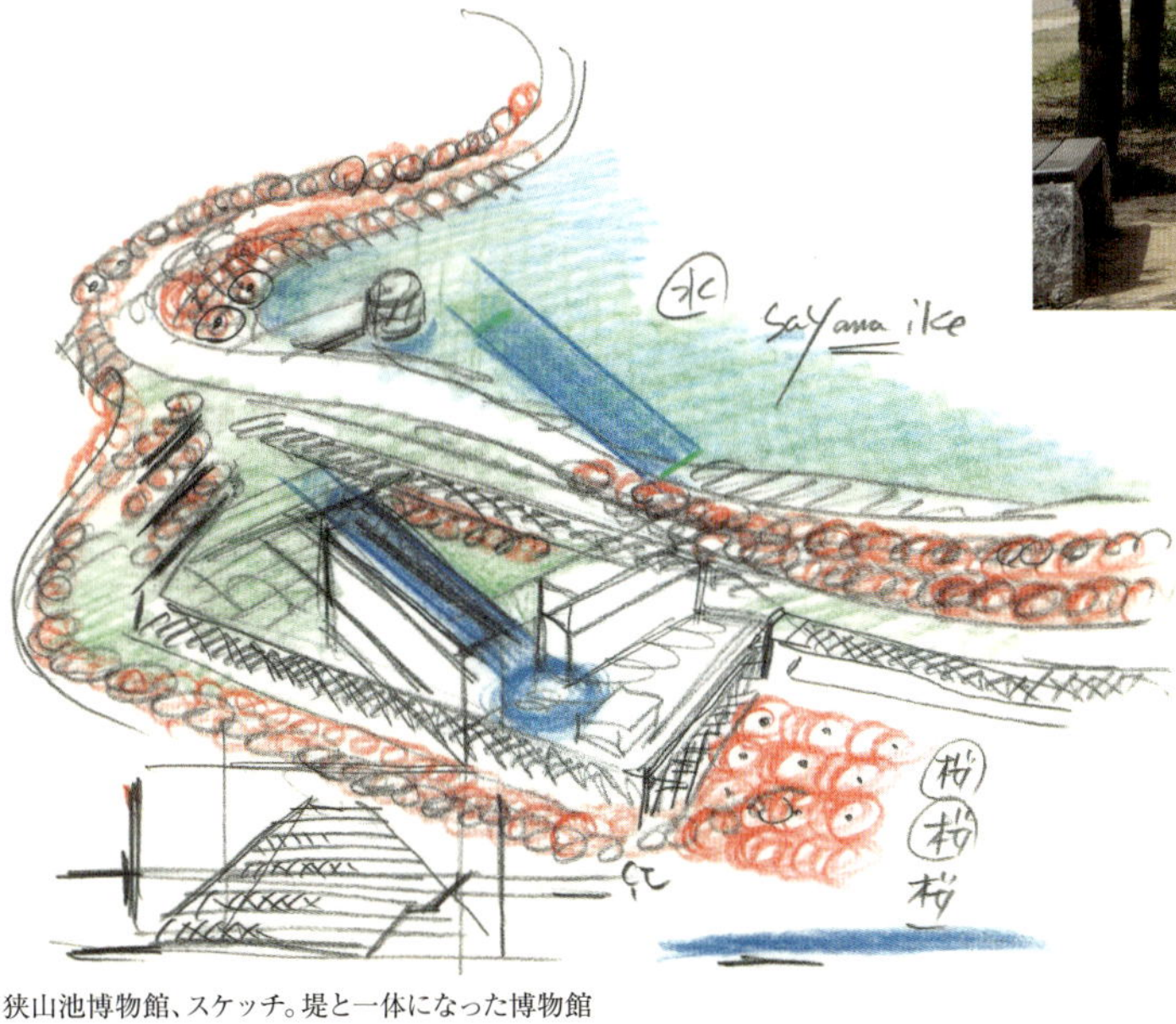

狭山池博物館、スケッチ。堤と一体になった博物館

そんな文化のネットワークの一拠点となるべき施設なのだから、よく場所に息づいて、地元の人々にとって身近な存在に育っていかねばならない。そんな意識から、「狭山」でも、地域の人たちと一緒に桜を植え続けています。「近つ」も「狭山」も年に一、二回、ボランティアで講演会に行くんです。それで、片や梅、片や桜を植え続けている。今では、それぞれ梅と桜の名所になっていますよ。でも、元々その場所に桜や梅があったわけです。その意味では、大阪市内の「平成の通り抜け」は造幣局の通り抜けがあったし、「TIME'S」や「水の教会」で敷地にあった水の流れからイメージを膨らませたのと同じです。

――「狭山」も大和川流域なのですか?

安藤　そうです。狭山池は七世紀に築造された日本最古の潅漑用のため池です。古事記や日本書紀にも登場し、古代から現代まで人々の生活を支えてきました。その実現のために、奈良時代には行基、鎌倉時代の重源、江戸時代の片桐且元といったように、時代を代表する技術者によって、手を加えられてきました。一九八九年には平成の大改修として、新たに治水ダムの役割を担えるようにした。その時の調査で、現在の堤体には、最初期から昭和の大改修までの改修断面が重層構造として読みとれることが分かったのです。ここに狭山池の歴史が見える、つまり日本の土木技術史が表れているわけです。そこで、この断層と狭山池から出土した様々な資料を保存・展示する展示施設として企画

狭山池博物館

されたのが、この博物館でした。
　先程お話しした通り、ここでも環境博物館のアイディアは連続しています。建築のメイン・ヴォリュームは、保存される堤体断面の大きさから自ずと決まります。それを池の堤から連続する基壇部として地中に埋め込むように配置し、堤の延長として周辺環境に馴染ませるように考えました。一方、建築内部へのアプローチは、人々が最先端の技術で築き上げた壮大な歴史の世界に導くよう、劇的な空間にしたいと思い、両側を滝に挟まれた水庭の空間をつくりました。

――都市のような分かりやすい歴史ではないけれど、自然と一体になった風景も、人間がその時々の最先端の技術でつくり上げてきたものだということですね。その中に、現代建築をつくるという意識。

安藤　幸運にも「近つ」と「狭山」という、歴史の流れの中で、風景をつくることが意識できたように思います。古墳を考えても、古代世界の中で、大陸や朝鮮半島から新しい土木技術が伝わりながらつくり上げられた。
　つい先日、韓国の慶州に行きました。そこで、古墳群を見たのですが、日本と朝鮮、中国の深い関係について考えてしまいました。それはやはり、文化的な交流の歴史でもあるし、風土として共通性があるということだとも思います。つまり、建築という私たちの生

仁徳天皇陵古墳（大仙陵古墳）

活空間を通して、アジアとその文化を考えることができる。そこから、自分たちの先祖が積み重ねてきた過去につながることもでき、それを今度は、私たちが未来に向かってつくるわけです。このことは、堺屋太一さんから学びました。彼は「由来があって未来がある。その両方がないとダメだ」と言うのです。未来は、けして それだけであるのではない。だから、私は、その両方をここに残し、つくろうと考えたわけです。こんなふうに少し引いた目で建築とその周辺を眺めてみると、仕事を通じて本当に面白い様々なことにアクセスできますよね。

「建築は環境づくり」とは、よく言われます。そうであるなら、土木技術も本来ひとつながりの技術だったのではないでしょうか。環境の基盤をつくる土木技術は、常に最先端のテクノロジーですし、まさに時代のシンボルということもできると思います。建築家もその一端を担うのであれば、それは非常に意義深い、それだけでも公的な仕事なのだと考えています。

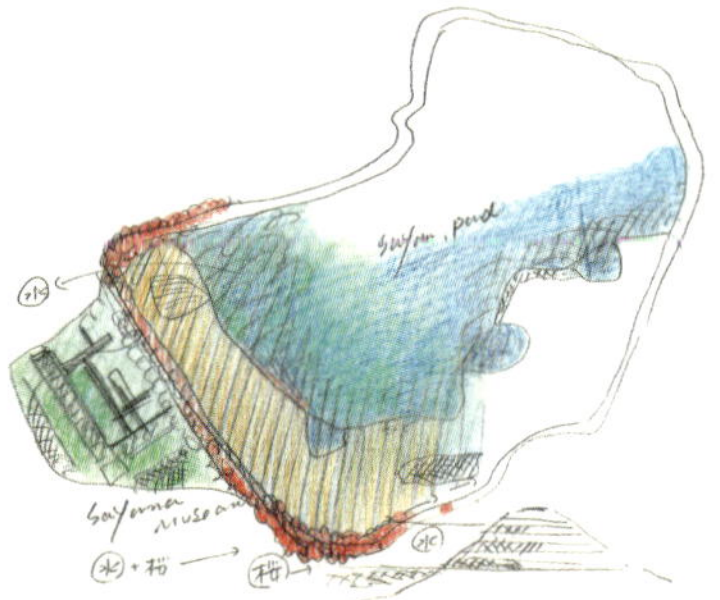

狭山池博物館、スケッチ

風景を変えていく力

――一連の直島のプロジェクトは、既に伝説的な話になっているのですが……。今では、アートの聖地と言われています。最初はひとつの美術館だったわけですが、どのような意図で始まった計画だったのでしょうか?

安藤　直島のプロジェクトが始まったのは一九八八年ですから、私にとって初めての公共建築である「子どもの館」に兵庫で取り組み始めたのと同じ頃。もう二〇年を超えて取り組んでいますね。今から思うと、この頃は私にとって転機となる計画に幾つも取り組んでいました。

一九八八年に、私が設計した堺屋太一さんの住宅が完成したのです。それを、福武書店、今のベネッセの社長、福武總一郎さんが見に来たのです。そして、福武さんが「現代美術によって、直島を国際的に人々がやってくる、世界一の〈文化の島〉にしたい」と言われました。そのために、美術館とホテルをつくりたいと。同時に、船でしか行けない島ですから、若い人がどんどん離島していると。集落の民家も、跡継ぎがいないというので、空き家が増えている。それを借りて修復し、集落の風景も直しながら、民家をアートの展示場にしたいと、最初から言われていました。

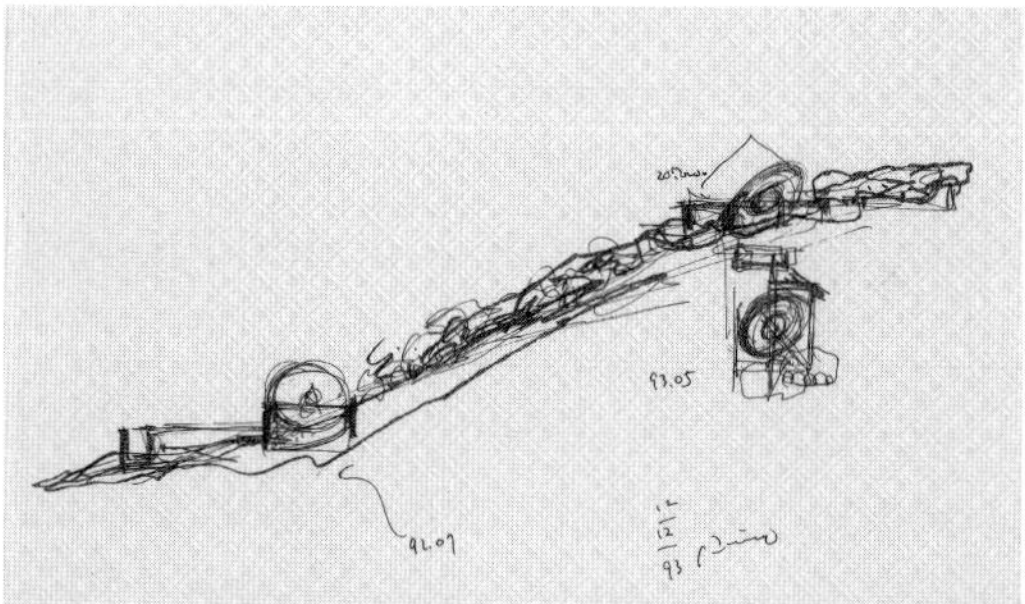

ベネッセハウス、スケッチ。海に近いミュージアム棟と山の上のオーバル棟

――現在の直島につながるヴィジョンが示されていたことは驚きです。当時の直島には、そのようなことを考えるきっかけがあったのですか？

安藤　それ以前にも直島には何度か行ったことがあったのですが、正直、私にはそこまで分かりませんでした（笑）。

ちょうど兵庫県の仕事もしていましたから、瀬戸内海について考える機会もありました。明治期以来、数多くの外国人が日本を訪れ、各地方への紀行文を残しています。一九

ベネッセハウス。オーバル棟(左)とミュージアム棟(右)。2011年撮影

〇〇年代初頭に瀬戸内海を旅した、ハーバート・G・ポンティングという有名なイギリス人写真家がいます。歴史に残る、スコット隊とアムンゼン隊による南極点到達競争の際、スコット隊に同行し映像記録を残したことで知られています。彼は富士山に登り、京都の職人と対話をしながら各地を訪れ、日本の風景や工芸品、女性の素晴らしさについて、写真と文章で伝えている。その彼が、海に浮かぶ厳島神社を見て、「これは桃源郷だ」と言ったそうです。そして、三〇〇以上の島が散りばめられた瀬戸内海は、世界一の内海だと。幕末の長崎、オランダ商館の医師として来日したシーボルトをはじめ、似たようなことを言っている外国人が多いですね。

それで、福武さんと一緒に直島を見に行くわけですが……。直島には大正時代以来、今で言う三菱マテリアルがつくった銅の製錬所がありました。私が島に行った当時は、製錬所から出る亜硫酸ガスによって、今ではとても想像できないくらい、ほとんど禿げ山でした。船に乗って、周囲の島々をあちこち回っても、石を掘ったり、土砂を採ったり、みんな禿げ山のような酷い状態だったのです。正直に言うと、「こんな不便なところに、現代美術を見るために人が来るかな?」と思いました。しかし、福武さんの凄い熱意に動かされて、付いていこうと思ったのです。

福武さんは、「今は作品をそれほど持っているわけではないけれど、作家が『ここで作品をつくりたい』と思うような場所をつくりたい」と言われていました。それが「直島文化村構想」です。私は、福武さんと話しながら、環境と一体になった生活文化を育んだ、日本人の自然に対する感性を表すには、今の直島の状態ではとてもダメだと思いました。外国人に見せても恥ずかしいだけだと。そこで、自然を復活させようと考えたわけです。

――今でこそ安藤さんは大きな建築に取り組み、植樹などをされているわけですが、当時はひとつの公共建築もできていないわけです。福武さんが安藤さんと一緒にやろうと思われたのは、どういう理由だったのでしょうか？

安藤　人のことは言えませんが、あの人も非常に直感力の強い方ですから（笑）。私に依頼した理由も、特に説明されませんでした。「安藤ならできる」と思ったのかな。福武さんは、当時も今も、「経済は文化の僕《しもべ》だ」と言い続けられています。それはなかなか凄い言葉ですよね。当時の私も、商業建築などに携わりながら、「経済がすべてではない」と社会の流れに逆らうような建築をつくろうとしていましたから、そんな価値観の部分で信頼してくれたのでしょうね。

　私たち建築家の仕事について考えると、やはりクライアントの存在は非常に大切です。これは単純に仕事を依頼してくれる人がいないとプロジェクトがスタートしないというパトロン的な意味ではなく、お互いの思いを持って対話し、一緒につくっていく、「共に走る」という意味です。例えば、アントニオ・ガウディとエウゼビ・グエルの関係もそうだし、ヘリット・リートフェルトとシュレーダー夫人もそうです。もちろんリートフェルトもすぐれた作

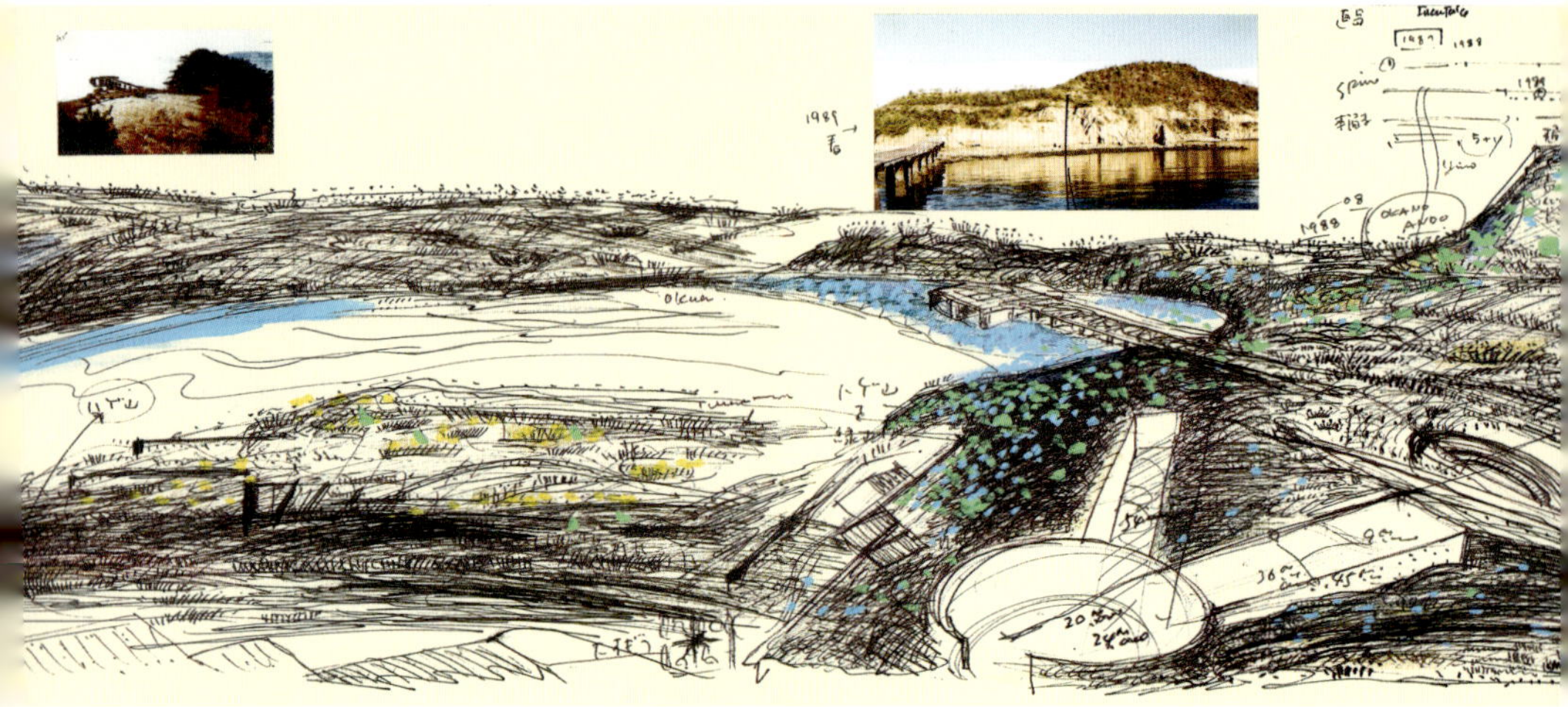

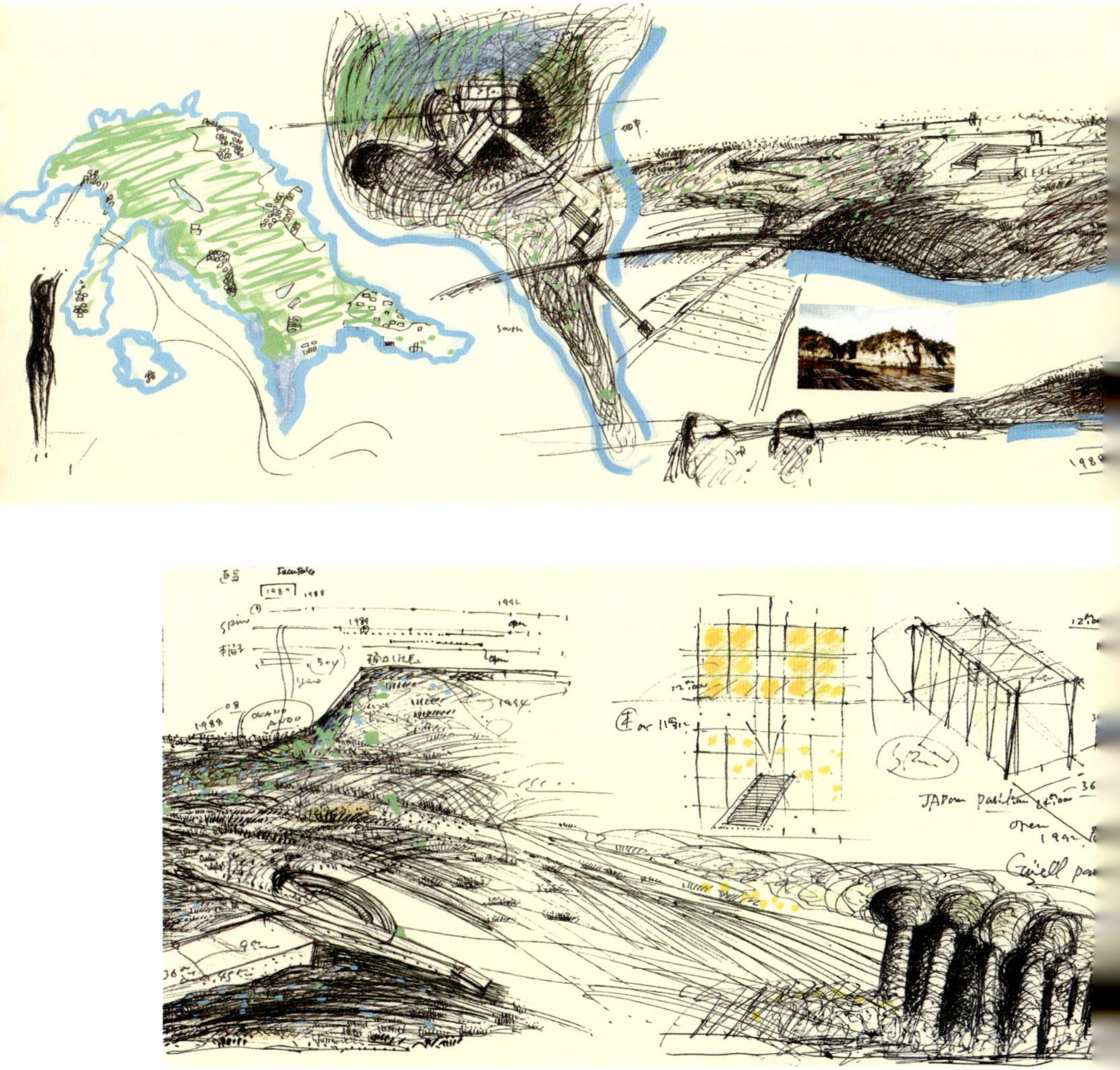

ベネッセハウス、スケッチ。禿げ山で荒れ果てた環境にどのように取り組むか

家だったのでしょうが、シュレーダー夫人の美的感性と新しいことに挑戦する勇気があって、そこにモンドリアンの影響を受けたリートフェルトの才能が重なり、傑作「シュレーダー邸」(一九二四年)に結実していった。このように、私たちの仕事は、クライアントと二人三脚、そして建設会社とは運命共同体でつくるものです。福武さんはまさに思いの強烈なクライアントでした。福武さんと「日本人の美意識を、どのように次の時代につないでいくか」という問題について話し合ったことがあります。福武さんは「私たちは歴史の中で生き、風土の中で生きている……。日本とその美意識について、しっかりと考えていかなくてはいけない」と熱心に語っていました。

例えば、一九三三年にドイツ人建築家、ブルーノ・タウトが来日し、自然に拠る日本文化論を書きました。特に、彼は伊勢神宮や桂離宮を見ながらそれを論じ、「伊勢神宮はパルテノン神殿だ」と言っている。それ以前からも、これらの建物の凄さが知られていなかったわけではありませんが、日本人が忘れかけていたことを、現代につながる言葉として、新鮮な形で私たちに教えてくれた。

直島のアートプロジェクトの根底にあるのも、そうした過去を未来につなげていこうという意識です。現代を生きる私たちが、次の時代の日本人に忘れてほしくないものを、美しい自然の中に展開するアートを通して伝えていくと。その意味で、福武さんと私が最初に完成させたプロジェクトが、三〇〇人の子どもたちが自然の中で生活する場である国際キャンプ場だったということは、象徴的だったかもしれません。

場所から生まれるアートや建築

――アートの場としては、どのようなことを考えられたのでしょうか？

安藤　その点でも、福武さんの熱意は凄かったですね。一番最初は、リチャード・セラや草間彌生、リチャード・ロングなどの作品を幾つか買いました。でも最初に思い描いていた、作家に来てもらい、作品を制作してもらうイメージを実現するため、世界中のアーティストに話を付けに意欲的に出かけていったのです。そして、依頼する側の熱意が伝わったのか、ウォルター・デ・マリアやジェームズ・タレル、リチャード・ロングといった、国際的に一流の評価を受けているアーティストたちが、直島に興味を持って、実際に来てくれました。

パリのモンマルトルに、ル・クーポール（La Coupole）というレストランがあります。あるいは、その近くにラパン・アジル（Au Lapin Agile）、日本語で跳ねウサギというキャバレーがある。いずれも名だたる芸術家や作家、著名人が通った店です。クーポールでは、壁の絵を無名時代の画家が手掛けたと言われているし、ラパン・アジルでも似た話がある。そのように福武さんも、作家に直島に逗留してもらい、お金はもらわずに絵を描いてもらおうと思ったんじゃないかかな（笑）。実際に、リチャード・ロングは、宿泊した部屋の壁や建物の壁に絵を描きました。建築を設計した側から言うと、どうなるか予想も付かないので、画材を部屋に持ち込まないようお願いしていたのですが（笑）。それに、既に完成した作品は、高額な

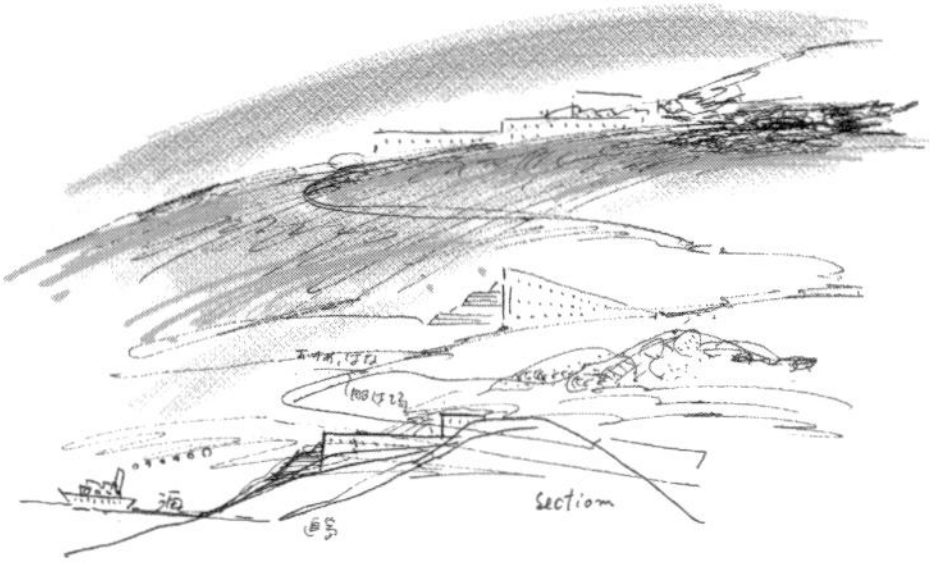

ベネッセハウス、スケッチ。海に囲まれた島ならではの建築

ベネッセハウス ミュージアム棟

値段が付きますが、実地でつくってもらえば、つくる前で作品の大きさも分からないから、完成作品を購入するほど高額ではないらしい。ある意味で、凄く考えられた方法ですよね(笑)。

そんな福武さんの壮大な構想を受けて、私自身が建築をどのように考えていったかというと……。やはり、あの場所の美しい海景をいかに建築として生かせるか、その自然への応答が全てでしたね。直島に、おにぎり山と呼ばれている、きれいな三角形の山がありますす。その周りの海に、昆布の養殖用筏が浮いているのですが、その形は正方形なんです。この海に浮かぶ正方形と三角錐の光景をアーティストのクリストが見て、「あれは誰の作品だ？」と聞いたらしい(笑)。それくらい綺麗な、生活と自然が一体になった風景が直島にはあります。

ここで私は、自然とアート、建築が一体になるような、島全体が環境美術館だと考えると同時に、自立した強い意志を持った建築をつくりたいと考えました。周囲の自然が大きく、豊かであればあるほど、建築はシンプルな幾何学的構成でありたい。圧倒的な生命力を持つ自然があるからこそ、単に壁を建てるだけでも、魅力的な場をつくり得る。そこで、敷地を慎重に読み解きながら、地形に沿って建物が分散的に配置されるようにし、かつその建物がなるべく見えなくなるよう、ほとんどのヴォリュームを地下に埋めるように考えました。この美術館では、アートは展示室の中だけでなく、海に続く階段広場棟など、外にも広がっていきます。内外の区別なく瀬戸内の穏やかな海の風景に広がっていく「境

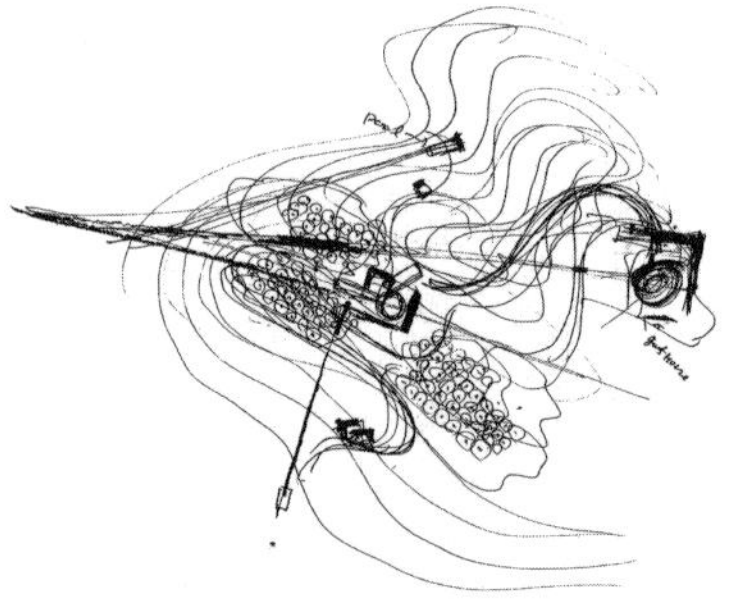

ベネッセハウス、スケッチ。配置の検討

界のない」美術館です、そうすることで、より自然が引き立ち、人間と自然の関係、人間とアートの関係を豊かにすることができると思ったのです。

——考えてみると、その後のプロジェクトも、みんな地下に埋まっていますね。

安藤　そうです。まるで山にお堂が点在するように、各プロジェクトがつくられていきました。これまで七つのプロジェクトをつくってきましたが、地上に明確な形でヴォリュームが現れるのは、六つ目の、木造で傾斜屋根を掛けた「ベネッセハウス パーク／ビーチ棟」（二〇〇六年）だけじゃないかな。

最初の「ベネッセハウス ミュージアム棟」（当初発表名「直島コンテンポラリーアートミュージアム」、一九九二年）の後、背後の山の頂きに「オーバル棟」（当初発表名「アネックス」、一九九五年）をつくります。「ミュージアム棟」にも当初の計画通り宿泊機能があるのですが、それをさらに拡大しようということでした。

「オーバル棟」でも、この場所でしか体験できないことを考え、ローテクなケーブルカーをつくって「ミュージアム棟」から緑の中をゆっくり上がっていくというアプローチを考えました。四周を海に囲まれ、船でしか行けない不便な直島でハイテクはいらない。むしろ、さらにローテクでいこうと考えたわけです（笑）。

ベネッセハウス パーク／ビーチ棟

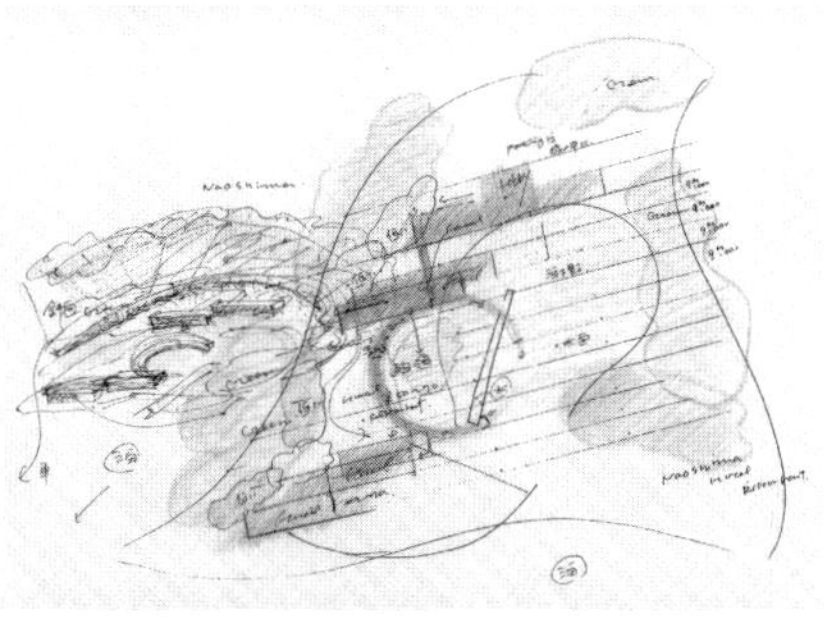

ベネッセハウス パーク／ビーチ棟、スケッチ

地中で感じる自由さ

――「地中美術館」(二〇〇四年)では、それまで半ば埋まっていた建築が、完全に地中に入ってしまいました。

安藤　もちろん、それまでの思考の延長で、環境との対話によって地中に埋めたのですが……。ここでは、現代美術のウォルター・デ・マリアとジェームズ・タレル、それに印象派のクロード・モネ、三人それぞれのスペースをつくって、永久展示するという計画でした。各スペースは、作家との共同作業になり、必ずしも私だけの自由勝手な意志でできあがりません。それぞれに自立して存在するそれらのアートスペースを、いかに一つの建築として統合するかが課題になります。段状の塩田の遺構が残る小高い丘の敷地だったこともあり、それまでの試みをさらに推し進め、建築のヴォリュームを外部に全く現さず、完全に地中に沈めようと思いました。

展示室それぞれの形状は、正方形や正三角形といった純粋幾何学を用いて構成する。三人のアーティストはそれぞれの世界をつくるのだから、まったく喧嘩しないように完全に分けて考える必要があります。その自立性を保ちながら、同時につないでもいく。そこから、「間」が大切だと考えました。具体的には、それぞれの間合いをどう捕まえるかを考え、外部が地下に入り込んでくるヴォイド状の中庭など、縁側的な空間の在り方をスタディし

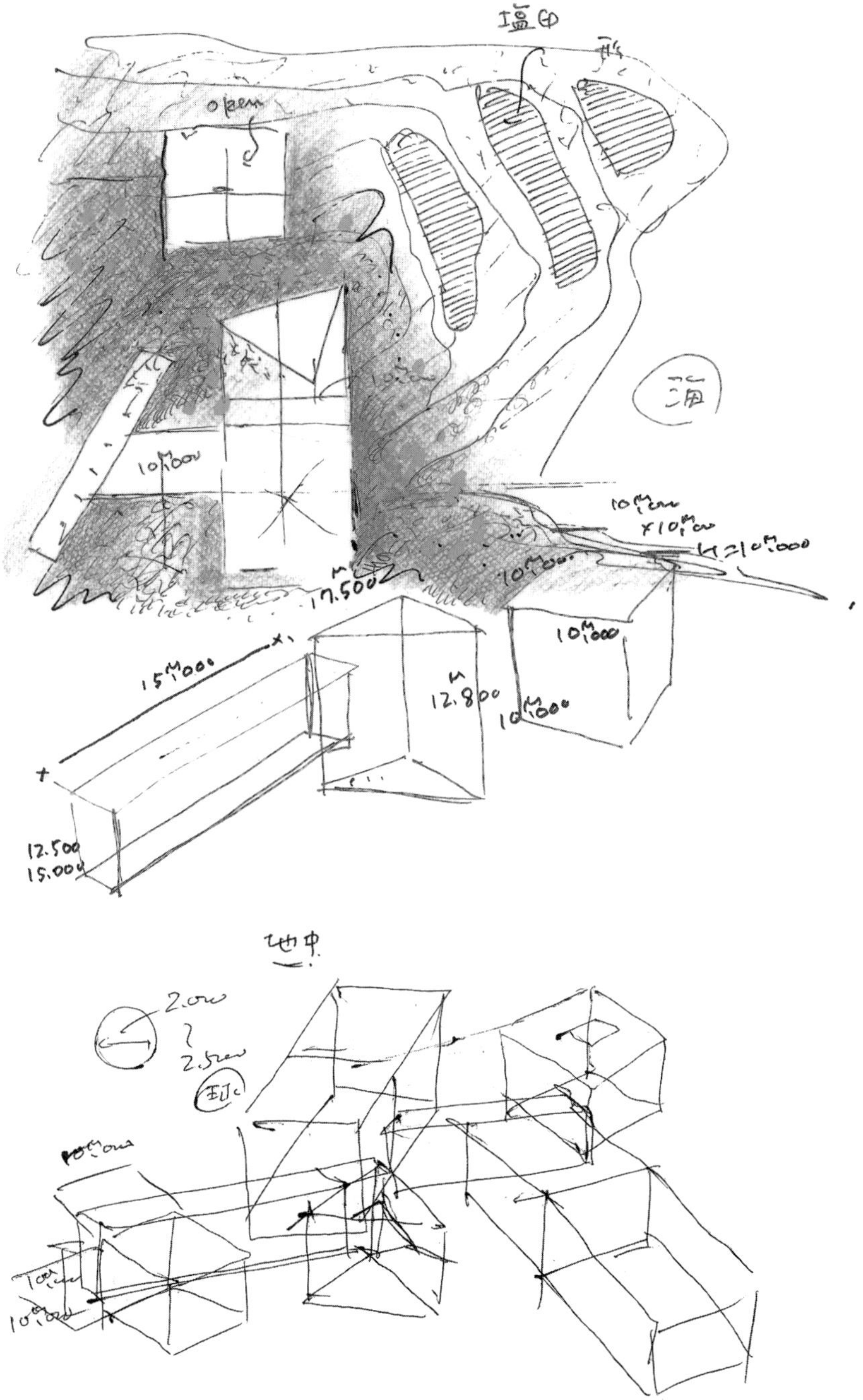

地中美術館、スケッチ。正方形と正三角形のヴォイドを「間」の空間として、美術館を構成する

ていった。「間」としての空間をつくり、そこから各スペースに入っていくことを考えたわけです。

——完全に地中になったことで、初めて見えてきたこともあるのでしょうか？

安藤　それ以前からコンクリートの建物が多いわけですが、地中ということからも、あらためて単一の素材、単純な工法で、複雑な空間構成ができないかと考えました。「ミュージアム棟」の時から考えていたことですが、地中に大空間を確保するのに、コンクリートは適しています。水平にかかる土圧を受けるために、コンクリートという材料と技術が大きな役割を果たしています。

さらに、外観として見えてこないわけですから、内部空間をしっかりつくる必要がある。空間の奥行きだけが勝負のしどころだという気持ちでした。例えば、天井高と空間の幅のプロポーションに対する検討を重ねたり……。

ひとつのきっかけは、福武さんが「パリのオランジュリー美術館よりも、モネの〈睡蓮〉が美しく見えるようにしたい」と言っていたこと。そこで、モネが「睡蓮」を描いていた状態で見るために、自然光による美術館をつくろうと考えました。つまり、地中にどのような空間を生み出し、そこにいかに光を取り入れていくか。

もうひとつ、念頭にあったのは、中世に建設されたシトー派の修道院です。フェルナン・

プイヨンの『粗い石』に記述されたように、修道士たちが、自分たちの祈りと生活の場として、命をかけて荒削りの石を積み上げていく。その結果、極限まで切り詰められた洞窟的空間が生まれ、そこに開口部から一条に光が差し込んでくる。

その空間は、真ん中に設けられた石の庭をぐるりと取り囲んだ列柱の背後にあります。同じように「地中」でも、石の中庭の背後に、正方形や三角形などの空間があるけれど、その形態は直接見えない。ただ、空間体験だけが自分の中に残っていくような美術館を考えていたのです。

実際、地中に取り組んでみると、意外と軸線がずれたり、正方形の形がずれるということが気にならないんですね。プランという意味では、地中はけっこう自由度があると思いました(笑)。

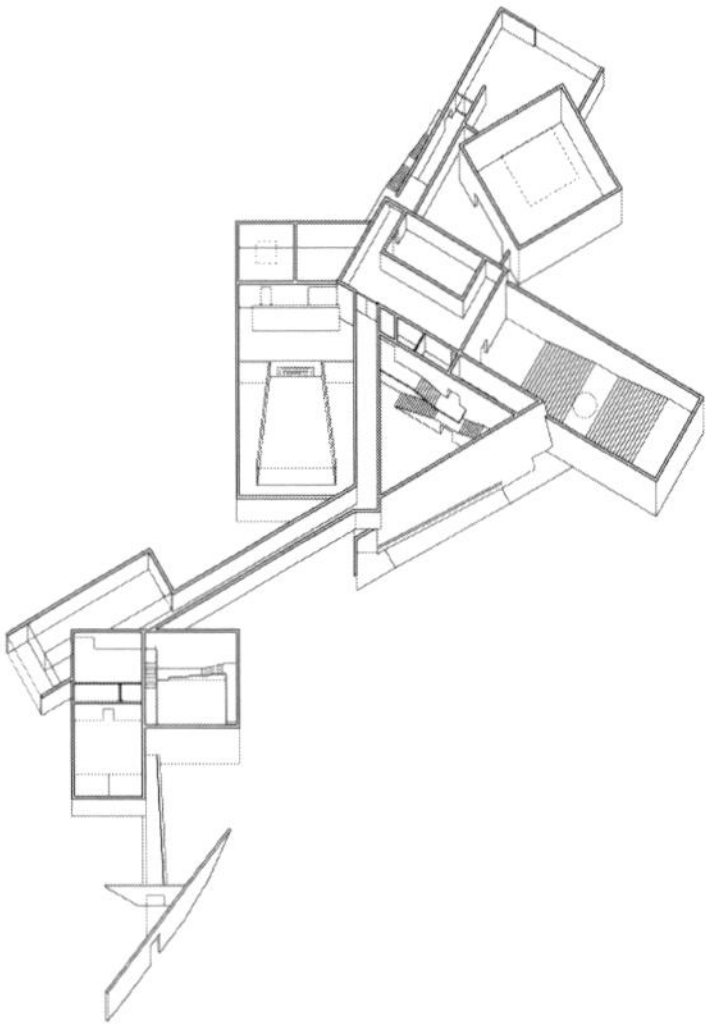

地中美術館、アクソノメトリック

サイト・プランニング＝場所の感覚

安藤　直島では、これまで七つの建物をつくってきました。最初から、島全体をひとつの場所だと考えてつくると言っていたけれど、実際に時間を掛けてひとつずつ点在させていくと、サイト・プランニングが非常に大事だということを、あらためて実感しました。

――具体的には、どういうことでしょうか？

安藤　今、建築の仕事では、なかなか本当の意味でのサイト・プランニングをすることができないと感じます。仕組みとして、建築の企画の段階から建築家が関われる機会が少ないということもあるし、建築家に来る仕事が、都市の狭小地といった、大手の会社が手掛けないギリギリの土地ばかりになったということもあるでしょう。

ただ、建築をつくる上でのサイト・プランニングの重要性を忘れてはいけないと思います。端的な例として、フランク・ロイド・ライトの「落水荘」を挙げることができるでしょう。「落水荘」は、まず、建物に辿り着くまでのアプローチが、ずいぶん迂回していますよね。一回坂を上がり、反転して、玄関に近づいていく。また、建物の下から地形を下る方に滝が落ち、渓流が流れていく。実際に行くと分かりますが、住宅にとって、音のうるささは大問題です。私は以前行った時に、泊まっていくよう言われましたが、これは寝るのが難しいと

フランク・ロイド・ライト：落水荘。川の上に張り出したテラス

思ったくらいです(笑)。

ともかく、「落水荘」は、そこで大きなテラスを幾つも川の上に張り出しながら、音を住まいの中に取り入れていき、川と一体にしていこうとしているわけです。そのことが、この空間を決定づけている。非常に勇気のあるプランニングですよね。「落水荘」を見ると、建築の面白さは、サイト・プランニングに掛かっていると言ってもいいと思う。

また、「落水荘」を見て思うのは、ここで水は建築から直接は見えなくて、音で感じさせているわけです。これを見ると、私たちの建築空間は、音ということを忘れてしまっているのではないか、と思います。

直島でも、建築を地中に埋めると、当然、「自分がどこにいるか」が分からなくなる。例えば、「オーバル」は丘の下から緑の中をケーブルカーで上がってきても、樹木ばかりで、どこにいるか分からない。ケーブルカーを下りて、建物に渡っていく時も分からない。建物に入ると、楕円形の水面があり、上には楕円の穴が開いている。ここでは「落水荘」のテラスにいるように、水の音しか聞こえない。つまり、「音の空間」をつくりたいという意識がありました。そして、楕円という単純な幾何学を描く水盤に対面する。極めて単純な、抽象度の高い空間ですが、頭上から落ちてくる光によって、逆説的に豊かな自然の移ろいを感じることができる。この抽象化された水の存在を介して、人は楕円形の空の先に広がる瀬戸内海の風景を思います。そうして環境と関係づけながらも、閉鎖された中庭を経て、ホテルの部屋に入ると、瀬戸内海が眼前に広がるという仕掛けです。

ベネッセハウス オーバル棟のケーブルカー

ベネッセハウス オーバル棟。空と光と水音の空間。2011年撮影

——その後に取り組まれた「地中」は、完全に地面に埋まっていますから、場所の感覚を反映させることは難しいと思います。

安藤　直接的に海景に対面する場面は少ないですが、「間」の空間として掘り込んだヴォイドによって、光や風、雨を抽象化された自然として感じることができる。その意味で考えていることは同じで、「地中」では、その「自然」を視覚や聴覚だけでなく、肌の感触や匂いも含めた五感で感じられないかと考えたんですね。

最近、中国に行くようになって知ったのですが、「中庭に雨が入ってくる空間は、お金が入ってくることに通じて、縁起が良い」と言われているそうです。だいたい中国の伝統的な四合院造りの邸宅では、中庭があって、雨が入ってくる。だから、中国では私の「住吉の長屋」的な感性が、意外に受け入れられるんですね（笑）。ともかく、光と風と雨が入り込んでくる空間を中心に考えることで、感覚的には建築の全体に、環境が浸み込んでくるようにできる。「地中」としてある種閉じた空間をつくるからこそ、外部とのつながりが重要になってくるんです。

——瀬戸内海独特の穏やかな気候や、それぞれの敷地の個別の性質が、様々な形で建築に反映されるわけですね。

ル・コルビュジエ：ロンシャンの礼拝堂

安藤　そう思います。例えば、ル・コルビュジエの「ロンシャンの礼拝堂」のサイトを見ても、場所が建築のイマジネーションに、大きな力を及ぼしていると思います。

「ロンシャン」は、集落の横の丘の上に建っています。人々は丘の下から上がっていくわけですが、下からは建物がポツンとあることが分かるだけで、丘の上はよく見えないわけです。それで上がってくると、壁だけでしょ？　誰だって、どうなっているんだと思いますよね。それで、礼拝堂の中に足を踏み入れると、一転、光の空間になるわけです。外部と全く逆転した、非常に暗い空間の中に、一つひとつ形や大きさが違う開口部によって、光の空間がつくり出されている。いろいろな光が自分の体を包み込んでくる、激しい教会です。

一方、私が設計した「光の教会」は、もっと単純な造形、単純な材料によっていて、光の色も単純に白一色です。住宅地の中というサイトも含めて、ここでは静かな教会をつくりたいと思っていました。それもサイトの問題に関わっていると思います。

地中美術館

アートがまちを変えるとは

——先日、福武さんのインタヴューを読んだのですが、「アートが目的じゃない」と言われていました。あくまで、アートはきっかけで、場をつくることが大事なんだと。

安藤　確かに、「山」にお堂が点在するように、プロジェクトがゆっくりと拡張していく過程で、直島の風景が変わり、人々の活気が増してきたと感じます。

その象徴が、当初から福武さんが考えていた民家を使ったプロジェクト、「家プロジェクト」だと思います。これは美術館からほど近い、本村地区で始まったものですが、この意味が大きかった。主に江戸から明治にかけての、記憶の刻まれた町並みが、生きたまま残されていくことになり、まさにアートが町を活性化することが証明されたと思うのです。

でも、スタートは困難続きでした。福武さんをはじめキュレーターの人たちが、あちこちの空き家の持ち主に「借りたい」とお願いに行くわけです。しかし、村の人たちにしてみれば、いったい何が起こるか分からない。なかなか首を縦に振ってくれませんでした。それでも、福武さんたちの熱意で進んでいくんですね。その後、九件の「家プロジェクト」が完成し、今では犬島など周りの島にも、プロジェクトが広がっています。

——安藤さんも、「家プロジェクト」をつくられましたよね。

安藤　「南寺」(一九九九年)ですね。これはジェームズ・タレルの作品に合わせてつくった、木造の細長い直方体の建物で、「家プロジェクト」としては例外的に、民家の再生ではなく新たにつくったものでした。

ただ、敷地は元々南寺という寺院があり、人々の精神的な拠り所だった場所で、建物が消滅してからも、南寺という名前で呼び続けられていました。そして、隣地の元の庄屋さんの家との境には、時間の経過が刻まれた土塀が残っていました。そこで建物は、細やかなピッチの垂木で深い軒をつくる以外は、非常に単純な黒い矩形の箱とし、土塀と関係をつくるように配置しました。その土塀と建物の間のアプローチをグルッと回って、建物の中に入るように考えたのです。ここを訪れる人が、軒の下を土塀を見ながら歩いていく過程で、時間を重ねた民家のこと、さらにはこの島の歴史を十分に感じられるようにと思っていました。

それに加えて考えていたことは、「南寺」という名前も含めて、人々の記憶、イマジネーションの世界の中に、この場所があるということです。それをつないでいくことが大切だと思った。だから、土塀と対置される黒塀も、現代建築ではあるけれど、イマジネーションの世界としては、直島の歴史や自然と呼応するような形としてつくり上げられるのではないかと考えていました。

まちづくりというのは、歴史と分断されたら上手くいかないと、私は考えています。そ

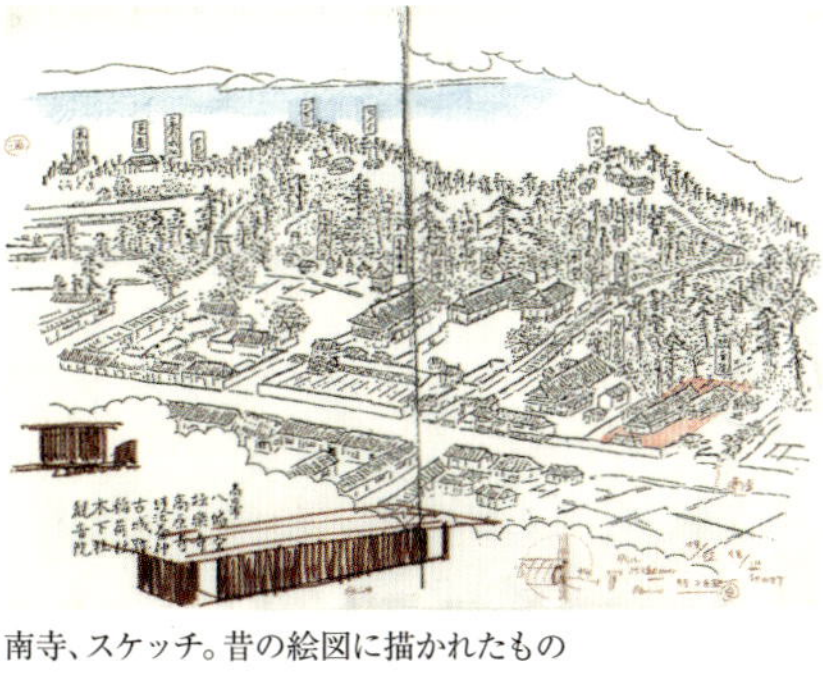

南寺、スケッチ。昔の絵図に描かれたもの

れは、東北の地震を経た今、あらためて思っていることですが……。

直島で福武さんたちが取り組んだことのひとつに、「直島のれんプロジェクト」があります。福武さんが発見されたのではないかと思いますが、良いのれんを持っている家がけっこうあるということで、それを表に出してもらおうと考えられた。持ってない家の分は、作家の加納容子さんに、新たに製作してもらったのです。

他にも、各家の屋号を記したプレートを付けたりするなど、過去と現代をつなぐ町のディテールの仕掛けが、いろいろと試みられています。集落のそれぞれの家がどういう時間を重ねてきたか、また直島がいかに高い生活美意識を育んだ島であったかが、人々に認識され、伝わっていく。直島は戦国時代には水軍の本拠があり、その後、交通の要衝で天領となり、人形浄瑠璃なども盛んに行われた……。そのような歴史が、現代とつながることで、なにか新しい力が町にうまれてきたのです。

——環境という面を考えると、現代建築もあれば、旧い民家もあり、様々な設えや活動も重ねられていく。非常に複合的な取り組みをされているわけですね。

安藤　風景をつくっていくこと、まちづくりとはそういうものだと思いますよ。だからこそ、訪れた人はいろいろなことに反応できるわけです。現代美術に反応する、のれんに反応する、木造のホテルに反応する、ケーブルカーに反応する、おにぎり山に反応する……。

南寺、隣地の土塀との間のアプローチ

反応の仕方がいろいろあって、あるいは組み合わさり、心が十分に刺激されて帰っていくのだと思います。福武さんはよく「あるものを活かして、ないものを創る」と言われていますよね。まさにそれを実践されていると思います。

——安藤さんの建築で、敷地を読みとったり、水や木々を扱う姿勢にも通じていると感じます。

安藤　私はそれほどはっきり意識化していたわけではありませんが、やはり、それぞれの建築の設計を通して、そこで何を感じ取るかを、常に深く考えるようにしてきた結果だと思います。その意味では、福武さんの言葉は凄いね（笑）。二〇年以上前、直島がまだ過疎化に悩むはげ山だったときから、構想しておられたのだから。

削り取られた山

――昨年、「淡路夢舞台」(二〇〇〇年)を久しぶりに訪れたのですが、非常に緑が増えていて、完成当時に安藤さんが、「一〇年くらい経ったら完成かな」と言われていたのを思い出しました。当時、兵庫県知事だった貝原俊民さんにお話を伺った時に、淡路島は園芸産業が盛んで、国生み神話もある「ガーデン・アイランド」なのだというお話でした。そこで、ランド

淡路夢舞台。上に明石海峡大橋。2011年撮影

スケープ、「庭」をつくることから始められたのだと。とはいっても、大きな安藤建築も建っている。どのような考えだったのでしょうか。

安藤　「淡路」は淡路島の、一九九八年三月、神戸の大震災の直後に開通した明石海峡大橋を渡ったところにあります。約一〇〇ヘクタール、三〇万坪もあって、だいたいゴルフ場十八ホール分と言うと、すぐ分かってもらえる(笑)。ここは、大阪ベイエリア開発、例えば関西国際空港や六甲アイランドといった埋め立て地のための土を採った場所でした。一九八八年頃、当時この土地を所有していたのは、半分が三洋電機で、半分が青木建設だったのですが、ゴルフ場をつくりたいので、クラブハウスを設計して欲しいと依頼されたのです。そこで、敷地を見に行ったのですが、まさに一本の木もない状況でした。甲子園球場五〇〇杯分の土を採ったそうですが、本当に山ごと削られたような悲惨な状況でした。

——その計画は進んだのですか?

安藤　兵庫県としては、ゴルフ場はないだろうと考えたようですが、広大な敷地を自分たちだけで取得するのも簡単ではない。そこで、国に買ってもらって国営公園にしようと発案したのです。もちろん、ただ買ってもらうのではなく、公園の施設は兵庫県が整備するということでした。

そこで、知事や兵庫県の人と話をしながら、荒れた土地に自然を取り戻し、風景を再生しようと考えたわけです。施設としては、温室や国際会議場、ホテルをつくることになったのですが、これは淡路島は温暖な気候で、元々カーネーションやチューリップといった花の産地でしたので、その産業を充実させるという狙いもありました。公園の近くには園芸産業をさらにレベルアップさせるため、大学院型の園芸学校もつくって、花が好きな人や研究者が集まるような町にしようということだったのです。それで、国営公園のオープニング時には、国際園芸・造園博「ジャパンフローラ二〇〇〇」(淡路花博)も開かれました。

――いったん削られた山ですから、更地に対する設計とも、豊かな自然の中に設計するのとも、まったく違うのではないですか。

安藤　やはり、まず傷ついた自然の回復が大きなテーマになりましたね。そのために、ここではまず、建築工事の五年くらい前から、斜面に数十万本の苗木を植えていくところから始めたのです。五年も経つと、高さ一〇センチほどの苗木は三、四メートルくらいになります。同時に、鳥や昆虫、リスといった小動物も敷地に帰ってきました。そこで建築工事をスタートして工期三年なので、合計八年経ち、建築ができる頃には高さ五メートルくらいに成長するだろう。そうすれば、森の中の建築ができあがるだろうと考えたわけです。

ただし、日本の公共建築の進め方では、通常このようなことはなかなかできないことが

敷地の着工前の状況と建築完成後しばらくの緑が戻った状況

淡路夢舞台。右に「百段苑」、左に「海の教会」の鐘楼が見える「貝の浜」

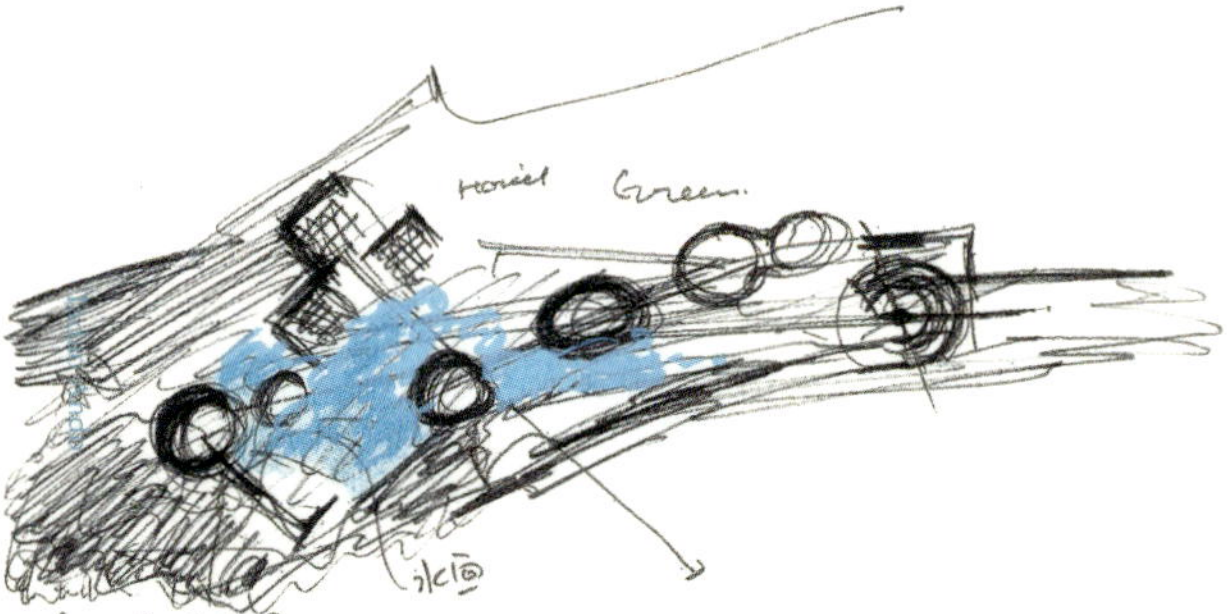

淡路夢舞台、初期スケッチ。地形に合わせ配置される各機能をつなぐ水

分かりました。普通は建物ができてから、その外構工事として木を植えるので、建築より先に木を予算化して植えることはできない。それが実現できたのはやはり、兵庫県の知事をはじめ、担当者たちの意識が強かったからだろうと思います。

――「淡路」は非常に大きな規模のプロジェクトです。元のゴルフ場計画のクラブハウスを依頼されたとはいえ、「淡路」を安藤さんが設計されるきっかけはなんだったのでしょうか？

安藤　国や県、市などと全体の基本構想について相談を受け、スケッチなどを描いていましたが、正直なところ、そのまま自分が設計するとは思っていませんでした（笑）。通常であれば、国際会議場やホテルといった施設ごとに設計者を分けると思うんです。でも、貝原さんは自然環境を回復するプロジェクトであるし、一人の人間でないと思いのあるものはできないと言って、議会を全部説得してくれた。それはすごいことですよね。

そこで、本格的な設計が始まったわけですが……。自分としても、これだけの大きなものをどうしようかと考えた。新しくつくられる建築で何ができるかと考えていくプロセスで、自分なりに見本となるものがないか、あちこち調べたり、探していったのです。環境再生という課題については、カナダの東海岸、バンクーバー近郊にあるブッチャート・ガーデンが良い手本になりましたね。

二〇世紀の科学技術の進歩は、輝かしい成果も残しているけれど、一方で環境破壊という負の遺産が、確実に自然を蝕んできました。特に日本人は、自然を身近に感じる価値観によって、かえって無意識に自然破壊を突き進めてしまったと感じる。その結果、自然と密接なつながりのあった、心の拠り所となる風景や場所の記憶、歴史性も失われたのではないでしょうか。ともかく、「淡路」のような場所が、世界中にけっこうあるらしい。

ブッチャート・ガーデンは、元々セメント工場として石灰石を切り出す採掘場でした。その五万坪ほどの跡地を、工場のオーナー夫妻が利益の一%を使って、緑化しようと考えたのです。もう一〇〇年くらい前の話です。その後、数十年に及ぶ地道な作業の末に、荒れた採掘場跡は美しい公園になった。今では、世界でも有数の花の公園に育っています。

実は、「淡路」の敷地は岩盤で、植樹にはあまり向いていなかったのです。だから、まずは木を植え始めるといっても、上手くいくかどうか、とても不安でした。そこで、県の人と一緒にいろいろ調べたのですが、どうもイランの砂漠緑化技術が最も進んでいるということで、潅漑システムの研究資料を手に入れ、どのようにすればいいかも考えました。後でお話ししますが、これが建築にも役に立つことになるのです。

ヴィラ・アドリアーナ

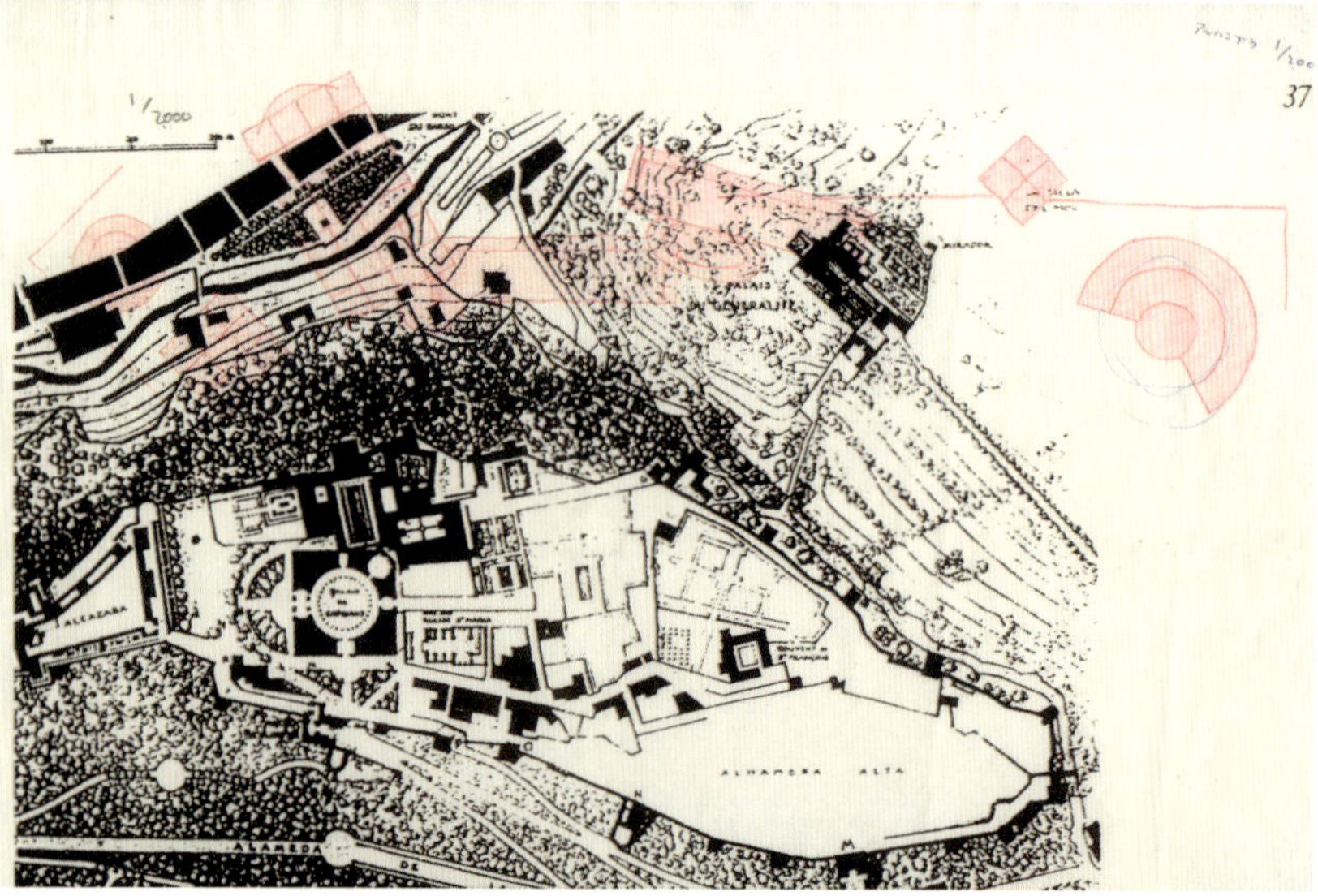

淡路夢舞台、スケッチ。アルハンブラ宮殿の図面に重ね描きしスケールを把握する

アルハンブラ宮殿

自然の再生——夢が託された庭園

——建築の設計として考えても、「淡路」ほどの大きさと複雑さを考えると、まとめるのは非常に難しかったのでは、と思います。

安藤　いろいろ考えていく中で、イメージとして浮かんだのは、イタリアのローマ郊外のティボリにある、古代ローマ時代の宮殿と庭園、「ヴィラ・アドリアーナ」でした。実際に現地に見に行ったり、ピラネージが残したエッチングや、コルビュジエのスケッチなどを見ながら、自分たちがつくるべきもののスケール感をつかむ参考にしました。

「ヴィラ・アドリアーナ」は、ローマ帝国の五賢帝の一人で、ローマのパンテオンもつくったハドリアヌス帝という皇帝が、二世紀前半に二〇年くらいかけて主要な部分をつくっていったそうです。長い時間をかけて場所をつくり、育てていく。そういうプロセスに、通常の建築のスケールを超える、庭や公園、広場といった概念を一体化した「環境づくり」としての共通性を感じました。「淡路」も一九八八年から二〇〇〇年まで十二年掛かっていますから。

「ヴィラ・アドリアーナ」については宮殿や図書館、浴場などを、地形を造成せずに、土地を立体的に使いながら、本当に上手く配置されていることに感嘆しました。その際に、地形と関係させながら、数本の軸線を設定して、それを複雑に絡ませながら建築を配置し

ピラネージ、ヴィラ・アドリアーナのエッチング

ていっているところにも興味を持ちました。彼が自分の意志と、自分の想像力によって、広大なローマ帝国統治下の各地の風景を参照しながら、ローマ帝国の優れた水道技術や土木技術を駆使して隅々まで手掛けたところも面白いけれど……。復元模型も見ながら、単に強大な権力者によるきわめて個人的な夢の現出ということでなく、一人の人間が、これほど壮大なものを想像して実現できるのかという思いが、強く心に残りましたね。無論、「淡路」とは敷地もプログラムも全く異なるので、そのまま参照することはできませんでしたが……。

——広大な敷地に、様々な施設が配置される「淡路」には、古代ローマの配置の考え方が影響していたとは驚きです。

安藤　再生された環境の中で、建築と人々、自然との対話を喚起する装置として考えたいと思っていましたから、緑の地形に埋もれて全体の形は見えない、ただそこでの五感を通じての空間体験だけが残っていくような場所をつくりたいと思っていました。だから、それぞれの場所の地形や自然の状況、その特性を際立たせるよう配慮しながら、個々の建築を配し、それを関係づけていくように考えたのです。

分散的に配置する、それぞれの部分をつなぐ手段としては、水の仕掛けを考えました。その時にイメージにあったのが、スペイン、グラナダにある「アルハンブラ宮殿」の庭園や、

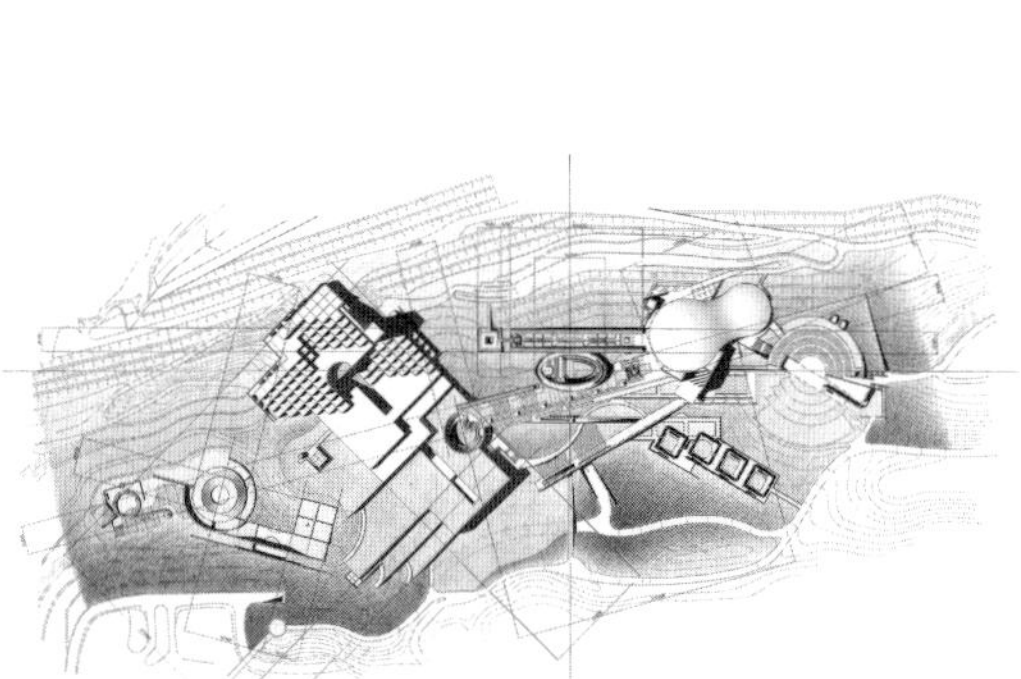

淡路夢舞台、初期案の配置。この後、阪神淡路大地震があり、計画が変更された

淡路夢舞台。中庭状の「楕円フォーラム」、「円形フォーラム」や、軸線を形成する「山回廊」、「海回廊」。2011年撮影

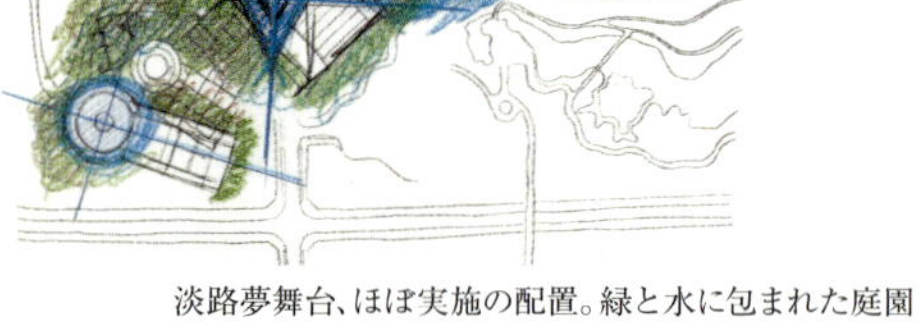

淡路夢舞台、ほぼ実施の配置。緑と水に包まれた庭園

「ヴィラ・アドリアーナ」の近くにあるルネサンス期につくられた邸宅「ヴィラ・デステ」の庭です。

「アルハンブラ」は、イスラムの先進的な水の技術とヨーロッパの伝統が融合し、十四世紀末頃に、現在の姿ができあがったと言われています。ここでは、連鎖的につながった建築群の隙間＝パティオに泉が湧き出て、水路が流れている。その周りに木が植えられ、人々が自然と触れ合い、楽しむような仕掛けが連なるように配置されています。「表が裏で、裏が表」と言われるイスラム建築の特徴そのままに、ここでも無愛想な外観と対照的に、中庭やそれを取り囲む列柱廊に、精緻な装飾や絶妙なプロポーションが表現されています。それは、まるで生命感溢れる小宇宙が散りばめられているようです。

一方、「ヴィラ・デステ」は修道院を改造したと言われていて、建物前面のなだらかな西斜面に広がる大庭園は、水と音と噴水による空間です。ルネサンス期のイタリアでは、それまでの水路や池、噴泉くらいだった水の扱い方が非常に多様になったと言われています。ここでは、噴水を群として扱った百噴水や地形に沿った幾重にも重なる段状テラスをダイナミックに流れ落ちる連続的な滝＝カスケード、水がパイプを鳴らすオルガンの噴水をはじめ、様々な趣向が凝らされました。

水と地形を利用することで、水が高低差を流れ落ちる過程で様々な水景がつくられると同時に、それらを動かす力となっています。だから、よく観察すると、水の流れがある種の方向性をつくり出し、段状の小庭園の連続に統一感を与えていることが分かります。ルネサンス時代の人々にとって、庭もまた古代ローマ世界への憧れ、つまり明解な秩序のもとに統合されていたわけです。一方で、幾何学的には左右対称ですが、主軸に対して要素を振り分けて、水音によって非常に非対称になったり、光の効果で全く違う空間が展開します。地形も含めて、空間としてはけして単調ではなく、非常に変化と奥行きに富むものになっています。

こうした世界のすぐれた「水」の空間を下敷きにしながら、場所全体に一つの物語を与えるような、淡路ならではの水のランドスケープをつくろうと考えたわけです。

――幾何学的秩序を持ちながら、地形と水の流れによって、空間的な膨らみを与えていくと。

安藤　そうですね。もちろん、現代の「淡路」において、歴史的庭園の手法をそのままコピーすることはできません。「淡路」の百段の花壇は、「ヴィラ・デステ」のテラス状の庭園構成からイメージされていますが、「ヴィラ・デステ」は「淡路」みたいに単純ではなく、非常に複雑に絡み合ったものです。「淡路」では、単純に百段あるだけ（笑）。それは、地形に合った形を考えた結果、つくり上げたものなのです。

「淡路」でも、水を生命の象徴として用いていると同時に、軸線をずらし重ねながら配置した様々な施設や、円や楕円の広場、百段の花壇といった仕掛けをつなぎ、ひとつの全体に統合していく水としても考えています。それぞれの場所は、それだけでも魅力的な独立した世界を持っている。それが有機的に重なり合って、全体としても大きなひとつの魅力をつくっていく。「ヴィラ・アドリアーナ」や「アルハンブラ」のサイトを繰り返し参照しながら、この部分と全体の間を行ったり来たりしながら考える。そんな設計のプロセスでした。

先程お話ししましたが、この水の庭をつくる際に、役に立ったのが、イランの潅漑システムでした。淡路島では、雨が少なく、長く小さな河川やため池などが水源だったのです。明石海峡大橋が開通してからは、飲料水は本土側から運んでいる。だから「淡路」では、池も植物の水やりも、水道を使うわけにはいかず、山の上の方に地下の水瓶をつくり、雨水を集めて循環させながら使っているのです。そうして、農業・園芸の専門家の指導も良く、森の再生は想像よりスムーズにいったと思います。「淡路」は完成して十年経ったのですが、やっと「森の中の建築」になってきたと感じますね。

第三章　世界の中の風土

自然と関わりながら、時間をかけてつくり上げられた環境とは

――新たな建築を考えられる時に、手本を探されると言われていました。過去の建築にも自然との関係を見出されますか?

安藤　名作と言われている古典建築や魅力的な都市空間、歴史的な環境というものは、だいたい水や緑、あるいは光といった要素を上手く扱ったり、関係をつくっていることが多い。時間を経ていますから、だいたい一体のものにまでなっていますよね。それを見た時の感動が肉体化されて自分の中に残っていて、いざ自分の建築をつくろうとする時に、自然とイメージとして現われてくる……。そんな感覚ですが、それ以上に、時間に耐えて残るすぐれた歴史的建造物には、つくる勇気を与えてくれる感じがありますよね。

例えば前に話した、「近つ飛鳥」で古墳を考えながら建築をつくる時、奈良の建築や仁徳天皇陵のことを思い出した。東大寺は、当時六一歳の俊乗房重源が全国を勧進して、つまり寄付を集めて再建したものでした。ダイナミックな建築を見ながら、その背後にある建築の物語を思い、そのようなことを成し遂げた人がいたことに感動する。一人の人間の

力でなく、たくさんの人の力によって物事が成し遂げられる、そんな建築の在り方に心動かされる。過去の建築遺産から、先人たちのすぐれた建築手法とともに、そのような建築をつくってきた人間の業みたいなものを学ぶことが、後々で自分の仕事に大きく関わっている気がします。

——それは海外で仕事をされる場合でも同じですか。

安藤　同じだと思います。例えば、一九六八年、二度目の渡欧の際に、ヴェネツィアに行きました。その頃、都市開発を手伝っていたりしたこともあり、ヴェネツィアは見なくてはいけないと思っていたし、何よりアンドレア・パッラーディオ、それとカルロ・スカルパの建築を見ることが目的でした。

ヴェネツィアも、水と建築が一体になった都市ですよね。私が生まれた大阪も、運河が縦横に走る水の都、東洋のヴェニスと言われていたので、どこか懐かしさ、親しみも感じていたのですが、ヴェネツィアの最初の印象は強烈でした。町には運河と共に中世的な路地が入り組み、唐突に現れる広場は光に溢れて、明暗のコントラストが生まれます。全体がひとつのものにも感じるし、運河沿いに建ち並ぶ商館は一つひとつが個性的で、その個性をぶつからせながら、きらめくようなファサードをつくり出している。

この町は、自然発生的にできたというより、何世紀にも渡って人工的につくられてきた

ヴェネツィア

都市です。外敵を避け、内海の潟であるラグーナに浮かぶ小集落から始まり、長い時間を掛けて人間の手で築かれた、奇跡の海上都市とでも言えるものです。当然、現在でも外洋から直接海水が流れ込んでくるような、水と隣合わせの生活をしている。ある意味では、現代的な生活機能が成り立たない不便な町とも言えます。有名な話ですが、中世的な路地がそのまま残る島内は、車の通行はできません。広場や橋、路地は昔ながらの人間的尺度を保っています。一方、運河が道路みたいなもので、人々は船で運河を行き交い、文字通り水上都市の姿を呈している。だから、建築技術も土木技術も連続した技術として、常に挑戦しないと成立しなかったと思います。その人間の挑戦する力に感銘を受け、同時に建築に対する愛情の深さ、それぞれの個性に対する思いの強さも、心に残りました。

――そんな町でも、安藤さんは幾つも建築を設計されてきました。

安藤　きっかけは一九九二年のセビリア万国博覧会でした。そこで、私は「日本政府館」を設計したのです。日本を表現するのにどのような建物が相応しいかと考え、東大寺大仏殿などを挙げながら、地上三〇メートル、ワンルームの空間を持つ木造の建築を思いつきました。スペインには大きな木造建築はないし、関連する法律もない。なおさら木造のないところにそれをつくる意味があるだろう。木造であの大きさ、スケール感を実現するだけで、十分に強いメッセージを発することができる。法律を変えてでも、実現させたいと思いま

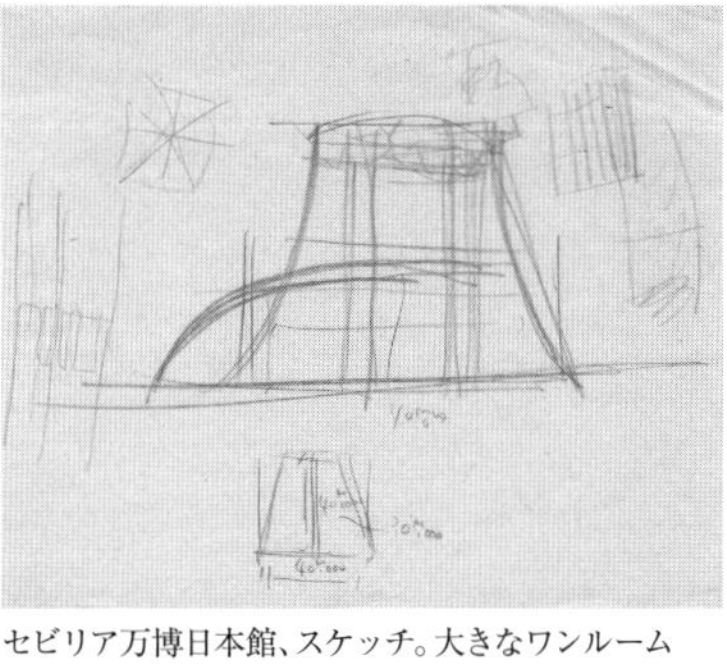

セビリア万博日本館、スケッチ。大きなワンルーム

東大寺大仏殿

した。
その時に、構想を実現するためには、私ひとりではできない、チームがいると思ったのです。日本の木造建築の本質は組み立て式、つまりプレファブリケーションですから、基本的な技術は全て日本でできるわけです。それをいかに遠く離れたセビリアで実現させるか。いろいろとシステムや態勢を考えて、最終的には日本の技術者が指揮しながら、スペインやアフリカの職人たちが働いて、共同作業でつくり上げました。

この建物は一九九二年の四月にオープンしたのですが、ちょうど同じ時期にルチアーノ・ベネトンさんから電話が掛かってきました。ヴェネツィア郊外のトレヴィーゾにある十七世紀の邸宅を改造して、学校をつくりたいと言うわけです（「FABRICA〈ベネトン・アートスクール〉」、二〇〇〇年）。世界中から音楽や写真、織物、建築、応用芸術などに取り組む若者を七、八〇人くらい呼んで、住まいも奨学金もあげて、一年間勉強してもらうと。彼らはファッションメーカーだから、若いデザイナーに対して、伝統と現代的な新しい感性の両方を期待しているのだと思います。だから、その感性を育む環境づくりに取り組もうとしたのでしょう。

日本とイタリアという距離を考えて、一瞬、躊躇しましたが、パッラーディオやスカルパをじっくり見られるのではないかと思い、ともかく会いにいったんです（笑）。敷地に案内される前に、彼らのオフィスに立ち寄ったのですが、そこも十七世紀に建てられたパッラーディオ風のヴィラを修復した建物でした。しかも、社員が働いている横で、当たり前のように建築やフレスコ画の修復作業が続けられているのです。「自分の会社がなくなっても、建築や

1992セビリア万国博覧会日本政府館

セビリア万博日本館、工事中

壁画は後世に伝えられる」という彼の建築に対する愛情と、若いデザイナーに対する強い思いに触発されて、物理的な距離は遠いけど、プロジェクトに参加することを決心しました。

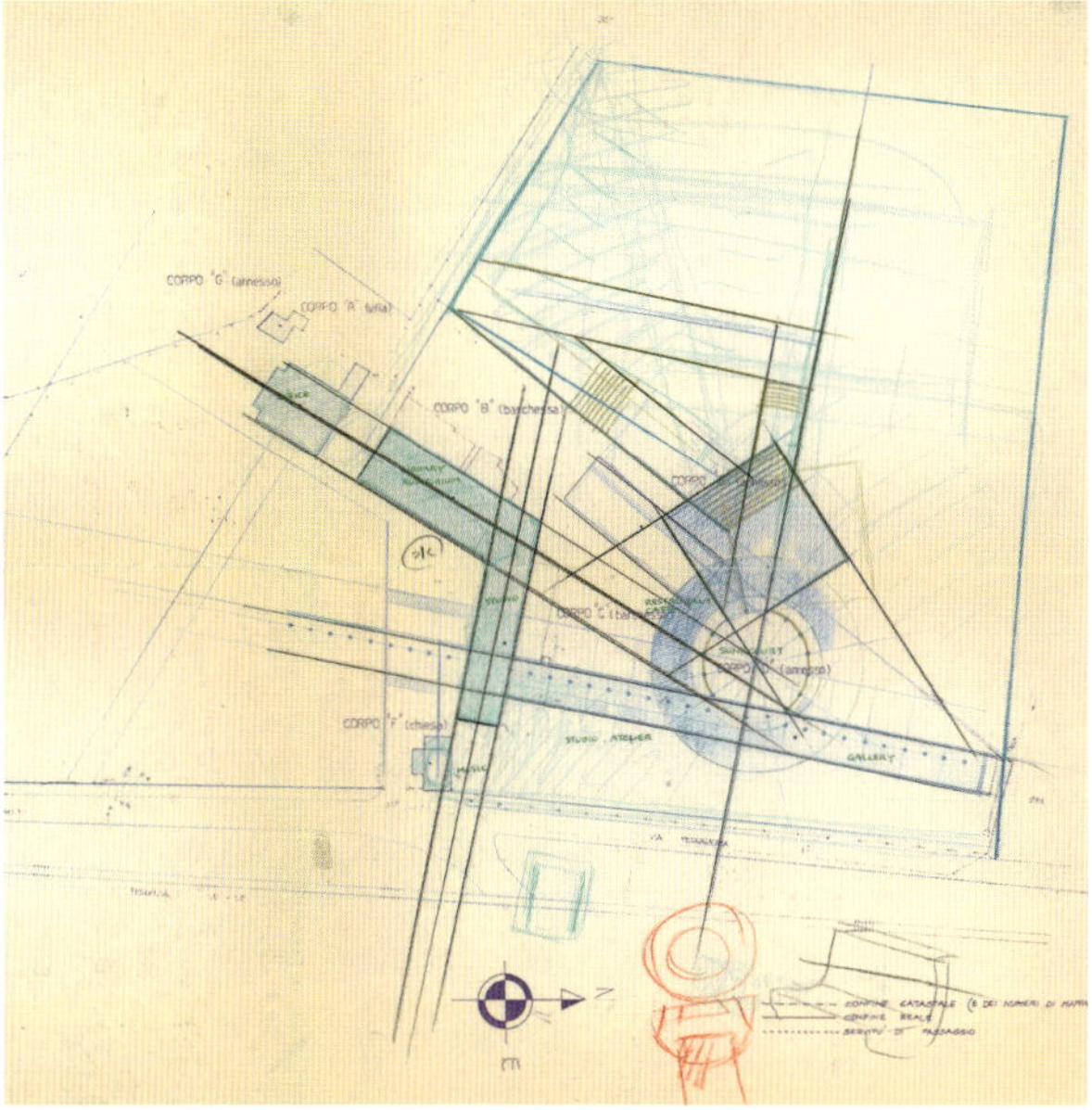

FABRICA、スケッチ。既存建物とそれを貫く列柱ギャラリー、敷地や周囲の庭との関係が軸線で整理される

改修前の既存建物

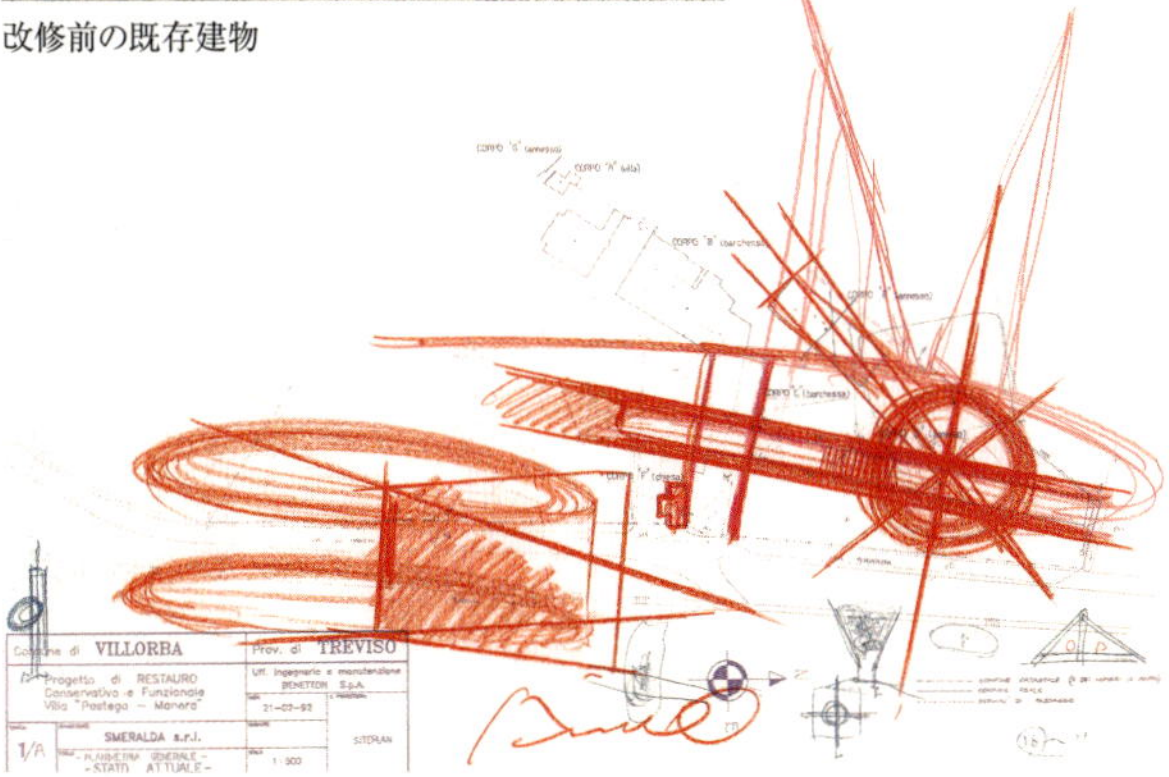

FABRICA、スケッチ。円形の中庭を中心に諸施設が計画される

スカルパが示したもの

安藤　実際にプロジェクトを進めるにあたっては、ここでもセビリアに引き続き、チームをつくることを意識しました。イタリアでは、歴史的な建造物の解体は、法律で基本的に禁止されています。旧い建物の構造的チェックから始まり、敷地に残る養蚕の小屋や大きな樹木、石積みの塀まで調査する必要がありました。イタリア語では修復再生することをレスタウロ（restauro）と言いますが、自身の仕事の四割ほどがレスタウロだったスカルパの仕事を見ても、単なる保存や復元ではなく、現代から見て必要であれば旧いものに手を入れ、新しい要素を加えていく。また、設計を始めて、初めて知ったのですが、イタリアでは各時代の瓦やレンガ、木材といった建材が、やむなく解体された建物から取り外され、古材バンクのようなところにまとめられ、保存されています。それで、十七世紀の建物を直すなら、少なくとも目に見えるところでは、同じ時代の建材を使う必要がある。

　当然、私はイタリア建築の工芸的な技術について専門的な知識も持ち合わせていませんし、様々な手続きや古材の入手方法も分からない。だから、構造家や設備家はもちろん、歴史家や材料屋さん、現地での設計をサポートしてくれる設計者、さらに現地の職人さんたち……。彼らとチームをつくって、プロジェクトに取り組むことにしたのです。結局、旧い建物を残しながら、新旧の対比、共存をテーマにしたプロジェクトは、八年近くかかりましたが、上手くいったと思います。

——「ファブリカ」では、地上にはコンクリートの列柱とアプローチ、水盤だけが現れていますよね。そこでの、「新旧の対比」とは、どういうものだったのでしょうか?

安藤 そこではやはり、カルロ・スカルパの仕事が参考になったと思います。スカルパは一九〇六年にヴェネツィアで生まれ、一生、ヴェネツィアを含むヴェネト地方を活動の中心にしていました。二〇〇近い彼の仕事のうち、新築と言えるのはほんの数軒で、あとは改修工事と展覧会の会場構成でした。

私が初めて見た彼の作品は「オリベッティ社ショールーム」(一九五八年)でした。サンマルコ広場に面したこの小さいインテリアの仕事を見るだけでも、伝統的な技術や素材、個人的な形や新しい素材といった、様々な異質といってもいいものが、ぶつかり合いながらひとつに融合して命あるものとして表現されている凄さを感じました。それは、目地の幅から異素材の組み合わせ、手摺やドアの取っ手まで、一つひとつの部分が意志を持って独立しており、その集積、総体が一個の生物のような存在になっているのではないか、ということです。

いずれにしても、スカルパにとっては、旧い建物や敷地も建築を構成する材料のひとつだったのだと思います。逆に、既存の建物も、敷地みたいなものだったといえるかもしれません。ヴェネツィアの「クエリーニ・スタンパーリア」(一九六三年)やヴェローナの「カステルベッキオ美術館」(一九六四年)を見ると、制約のある外観に対して窓枠や手摺などのディテールに手

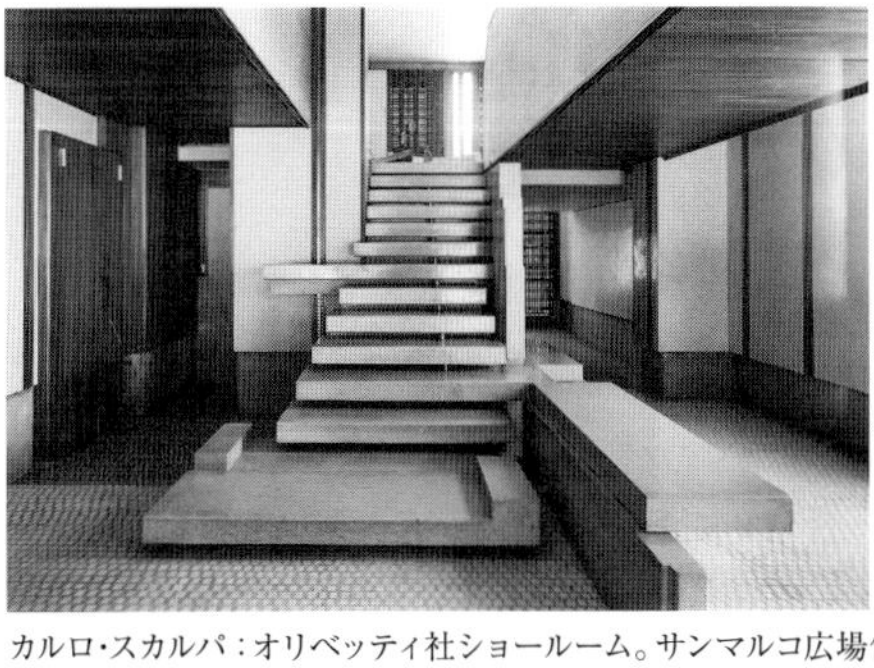

カルロ・スカルパ:オリベッティ社ショールーム。サンマルコ広場側を見る(左)

カルロ・スカルパ：クエリーニ・スタンパーリア

FABRICA

FABRICA、模型

を加えながら、内部にもうひとつ新しい建築をつくるようにして、新旧の建物をひとつにしています。

特に私が感銘を受けたのは、「クエリーニ・スタンパーリア」です。ここは度重なる運河からの浸水で、使用できなくなっていた十六世紀のパラッツォの一階と中庭を改修して、ギャラリーと図書館、小さいホールをつくったものです。建物には運河に掛かった小さい橋を渡ってアクセスするのですが、金物などスカルパの加えた手の痕を感じながら、中に入ると中庭があり、壁が一枚独立して立っている。彼はこれだけをつくったようなものなのですが、壁なら壁、床なら床だけでも、ひとつの作品のように存在しているのです。また、ロビーの段状に沈められた床には、運河が増水した時には、水が入り込んでくるようになっている。ツタに囲まれた中庭につくられた水路も水の動きを可視化しながら、ヴェネツィアという場所を凝縮したような、建築芸術のひとつの究極の世界をつくり出したように思います。

そこで、「ファブリカ」に話を戻しますが、新旧の対比といっても、ここでは激しく衝突させるようなものではないだろうと思った。保存された旧いものの中に、自立したもう一つの建築を入れ込み、見た目の形態ではなく、「空間」そのものが歴史や環境に呼応し、お互いに響き合うようなものを目指したいと考えたのです。そこで、アトリウムや図書館といった比較的大きなヴォリュームは、ほとんど地中に埋めてしまう。周囲にひろがる田園風景や、敷地に残された大木の風景を残しながら、階段状テラスや楕円形のコート、デッキなどによって全体を緩やかに結合させようと考えました。その空間の接合部が、新旧の建

FABRICA

物、建築と周囲の自然のみならず、人同士や人と歴史、文化などの出会いの場、対話の場として、人の心に訴えかける空間にしたかったのです。

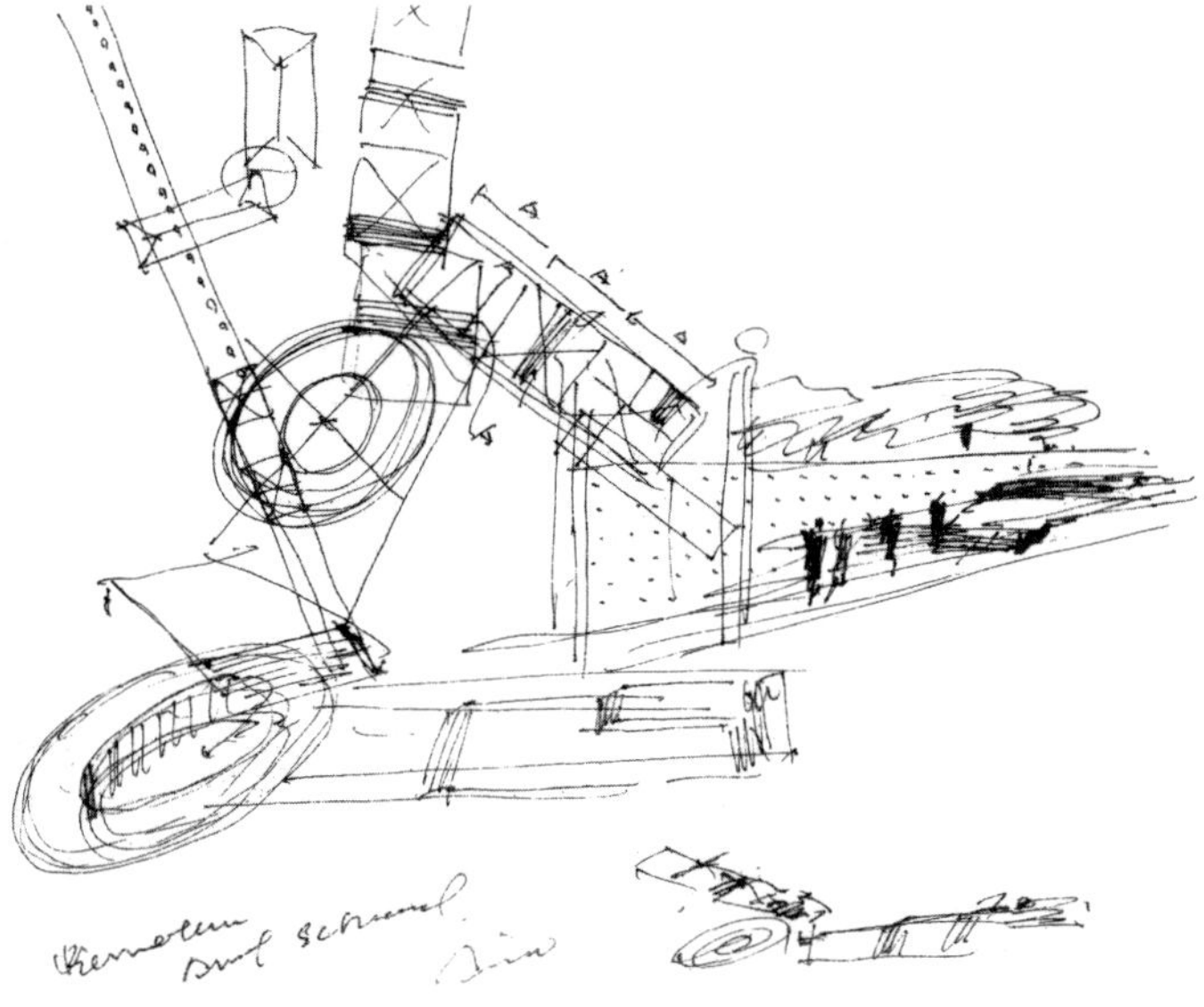

FABRICA、新築部分のスケッチ。
楕円の地下広場と既存建物を貫く列柱ギャラリー、地下に導く大階段の構成

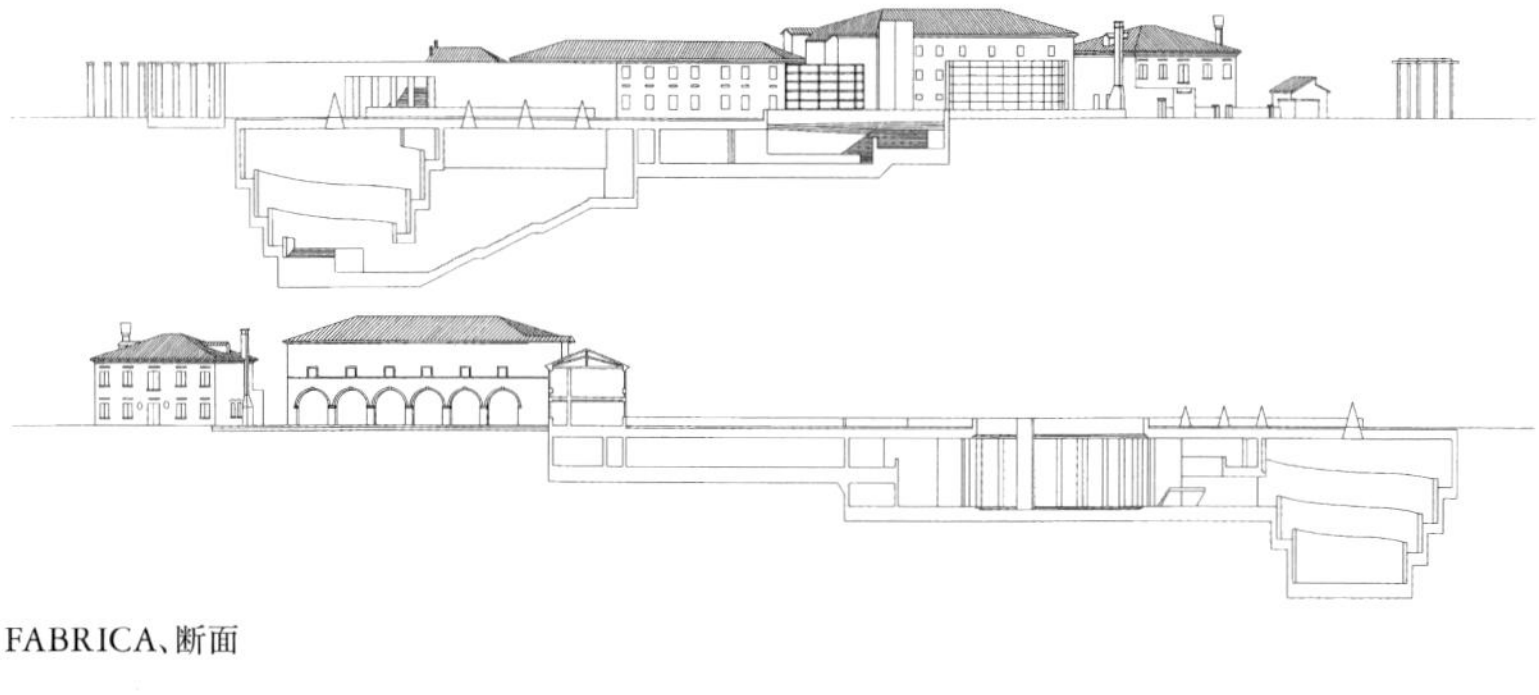

FABRICA、断面

パラッツォ・グラッシ再生計画

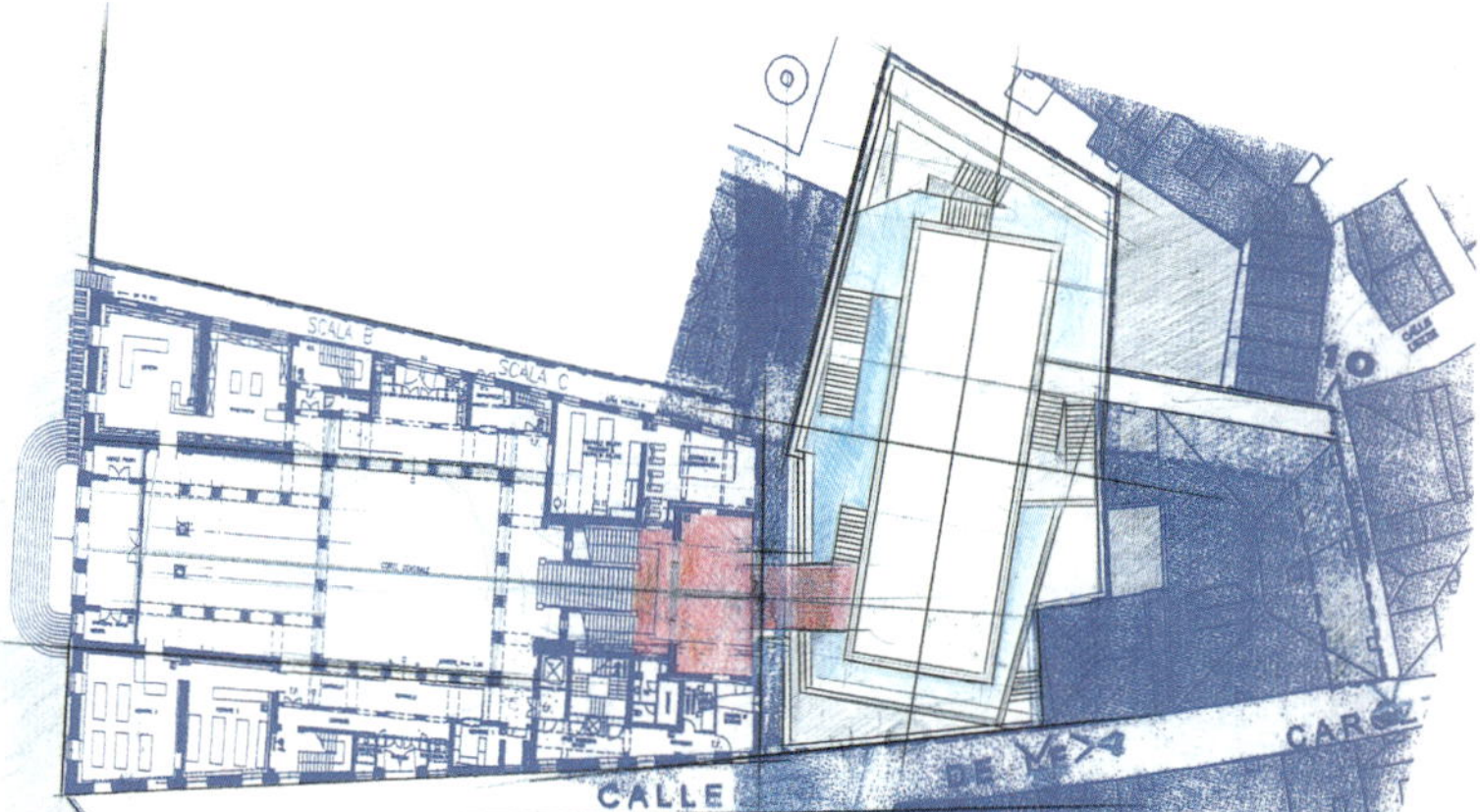

パラッツォ・グラッシ再生計画、スケッチ。右側がオーディトリアム棟「テアトリーノ」の計画

ヴェネツィアで考え続ける

――「ファブリカ」の後も、ヴェネツィア周辺で仕事が続きますね。安藤流の現代建築のつくり方が、イタリアの人たちにも受け入れられたということなのでしょうか。

安藤 そうでもないですよ。実際、後にヴェネツィア中心部で「プンタ・デラ・ドガーナ再生計画」(二〇〇九年)に関わることになった時には、住民の方から反対運動も起きました(笑)。それでも、「ファブリカ」の時につくったチームが、上手く機能したから前に進めた。

「ファブリカ」の後に、トレヴィーゾで「見えない家」(二〇〇四年)、ヴェネツィアの大運河沿いで「パラッツォ・グラッシ再生計画」(二〇〇六年)、「プンタ・デラ・ドガーナ」と手掛けることになりました。全て、それほど大きな仕事ではありません。しかし、建築を愛する人たちが環境として築き上げてきた中でつくることの難しさ、厳しさを感じながら、そこで新たにつくることの意味の大きさを実感しながらのプロセスだったと思います。

――ヴェネツィアは中世のままのような町ですが、当然、二一世紀の技術や美学も反映されているのでしょうね。

安藤 私も新旧の対話の中で、歴史を踏まえた建築をつくっていったつもりです。そのプロセスを経て、ヴェネツィアの一部となり、理解されていった部分はあるかもしれません。例えば、十八世紀にジョルジョ・マッサーリ設計によりカナル・グランデに面して建てられた新古典様式の邸宅「パラッツォ・グラッシ」は、フィアットが所有し美術館として使われていました。その時の改修では、建築家のガエ・アウレンティによって、内部は現代的な使い方にマッチするように新しい素材で覆っていたのです。それはモダンで新しい空間でした。

その建物をフランスの実業家フランソワ・ピノーさんが手に入れ、私に設計を依頼してくれたわけです。そこで考えたのは、内部もできるだけ元の状態に戻し、そこに入れ子としてホワイトキューブの壁を入れ込むこと。白い壁の向こうに、豪華に装飾された天蓋が見える。中庭に挿入された現代アートも含めて、ここでも新旧の現代的な対比が意識されていました。それを見て、美術史と哲学の大学教授が本職であるヴェネツィア市長も、市の歴史的建築物に関わる歴史家も評価してくれたのです。フランス人が所有する美術品をイタリアに持っていくことに対する厳しい評価も聞いたのですが、基本的に喜んでもらえたようです。

――安藤さんの建築も、近代美術的な新旧の対比ではなく、現代的な感性に依っているということでしょうね。それがヴェネツィアの重要なランドマークのひとつ、「プンタ・デラ・ドガーナ」の仕事につながったのでしょうか？

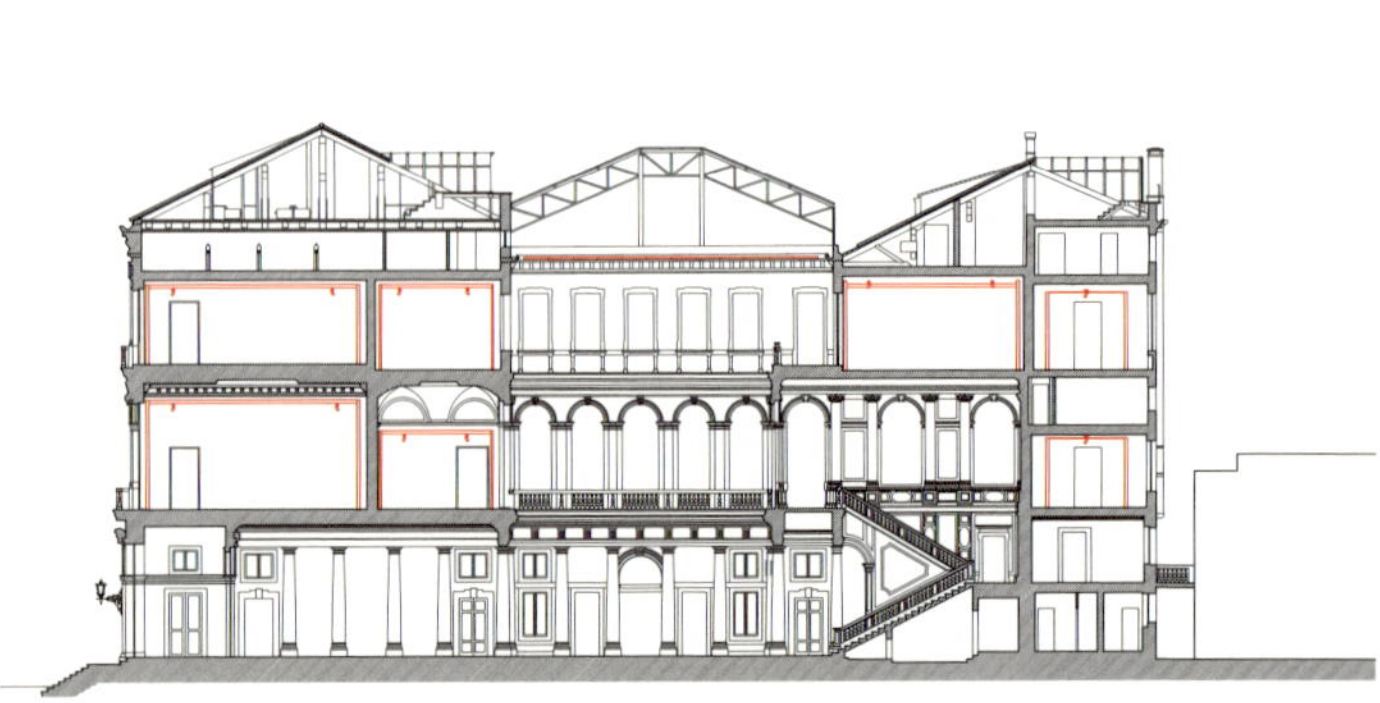

パラッツォ・グラッシ再生計画、断面。赤線が新たに加えられた要素で、入れ子構造になっている

安藤　「プンタ・デラ・ドガーナ」は、サンマルコ広場の対岸、税関岬（プンタ・デラ・ドガーナ）にある「海の税関」（ドガーナ・ディ・マーレ）で、十五世紀に建てられた歴史的建造物です。何度か利用計画もあったのですが、建物自体、国、市、バチカンの三者が所有する部分に分かれていて、その合意を取り付けるのが難しかったと聞いています。だから、七〇年間くらい、一部をオフィスと倉庫に使う以外は、ほとんど使われていない状態でした。

そこで、計画をしっかり進められるように、運営する美術館と改修する建築家がチームになって、具体的な提案を求める国際設計コンペティションが、市の主催で開かれたのです。最終的に、ザハ・ハディドとグッゲンハイムのチーム、私とピノーさんのチームの一騎打ちとなり、私たちが選ばれたわけです。ピノーさんは経営の一線を譲られて、文化活動や投資活動をされているのですが、この計画に掛ける熱意は凄かったですね。ちょうど世界的な経済危機と重なったのですが、彼は全力を掛けてやり切るという決意を示されていました。彼の思いが、この計画を実現させたと言っていいと思います。

パラッツォ・グラッシ再生計画、1階平面

2階平面

歴史的な都市に挿入された単純なキューブ

安藤　税関岬は、向かいにあるサンマルコ広場やそこに建つドゥッカーレ（総督）宮殿、サン・ジョルジョ・マッジョーレ教会とジュデッカ島のイル・レデントーレ教会という二つのパッラーディオが設計した教会に、まさに取り囲まれた立地です。すぐ隣に建つサンタ・マリア・デッラ・サルーテ教会も十七世紀の著名な建築であり、相当緊張して設計をスタートしました。ただ、調査してみると、やはり十五世紀の既存建物にはほとんど手を付けられないことが分かりました。基本的に、内外とも原型への修復以外の変更は厳しく規制されるので、耐震補強を施しつつ、数度にわたる改造で隠されていたレンガ壁や屋根トラスを修復して露出させることを基本方針にしました。

その上で、古い建物は全て森にある木だと思って、その中に建築をつくるということを考えました。つまり、木を切らないで、新しい建築をつくる。その環境との対比によって、お互いの魅力、個性がさらに浮かび上がるようになればいいと。

——具体的には、どうされたのですか？

安藤　基本的には軸線がはっきり通った左右対称の幾何学を持つパッラーディオの建築を見ながら、それに対して何らかの形で関係づけられないかと思いました。パッラーディオは、幾何学を理念としてとらえ、正方形を基本に、長方形の配列・比率との対話の中で、自らの世界をつくり上げようとしていたと思う。

私は以前から、この幾何学の神秘性に惹かれていました。正方形や円、正三角形や数学的比例やその調和……。建築家がいかに理念的で抽象的な世界を構築しようとも、同時に人々の思いや機能を引き受け、個々の場所や風土に根ざす具象的な存在でもあるのが建築です。逆に、そうであるからこそ、建築空間として現実化する幾何学が神秘的だということなのかもしれません。ともかく、そのことが数度の欧州旅行を通じて、自分の心の中に強く残っていました。そこで「プンタ」では、この都市そのものでもあるような既存の建築空間の中に、正円の空間を挿入できないかと考えたのが、最初のイメージでした。

実は「ファブリカ」でも、パッラーディオのことを考えながら、新たに挿入する空間の中心として、楕円形の地下広場をつくっていました。そこでは、既存のヴィラも含め、様々な活動の場が連続する中に、若者が世界中から集まり交流する、ダイナミックで活発なイメージも重ね合わせながら、その形が選択されていたわけです。そのように、当然のことですが、建築というのは、部分だけでなく全体との相互関係がしっかり考えられているものです。特に、パッラーディオの建築では、正方形や長方形という点対称の単純な幾何学を用いながら、部分部分の寸法関係が、全体として素晴らしい比例を表している。ならば「プンタ」でも、そのことを踏まえた、ある意味で「神聖な」空間をつくれないかと考えました。

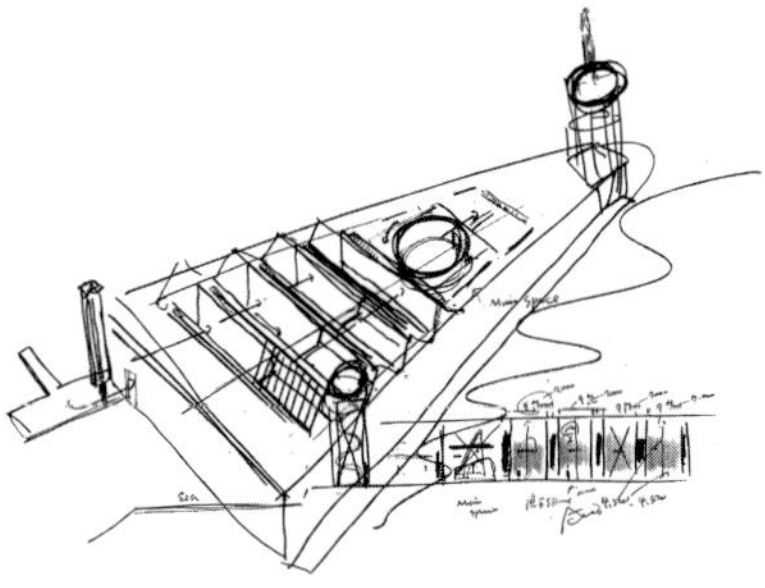

プンタ・デラ・ドガーナ再生計画、初期スケッチ。円形の空間を挿入する

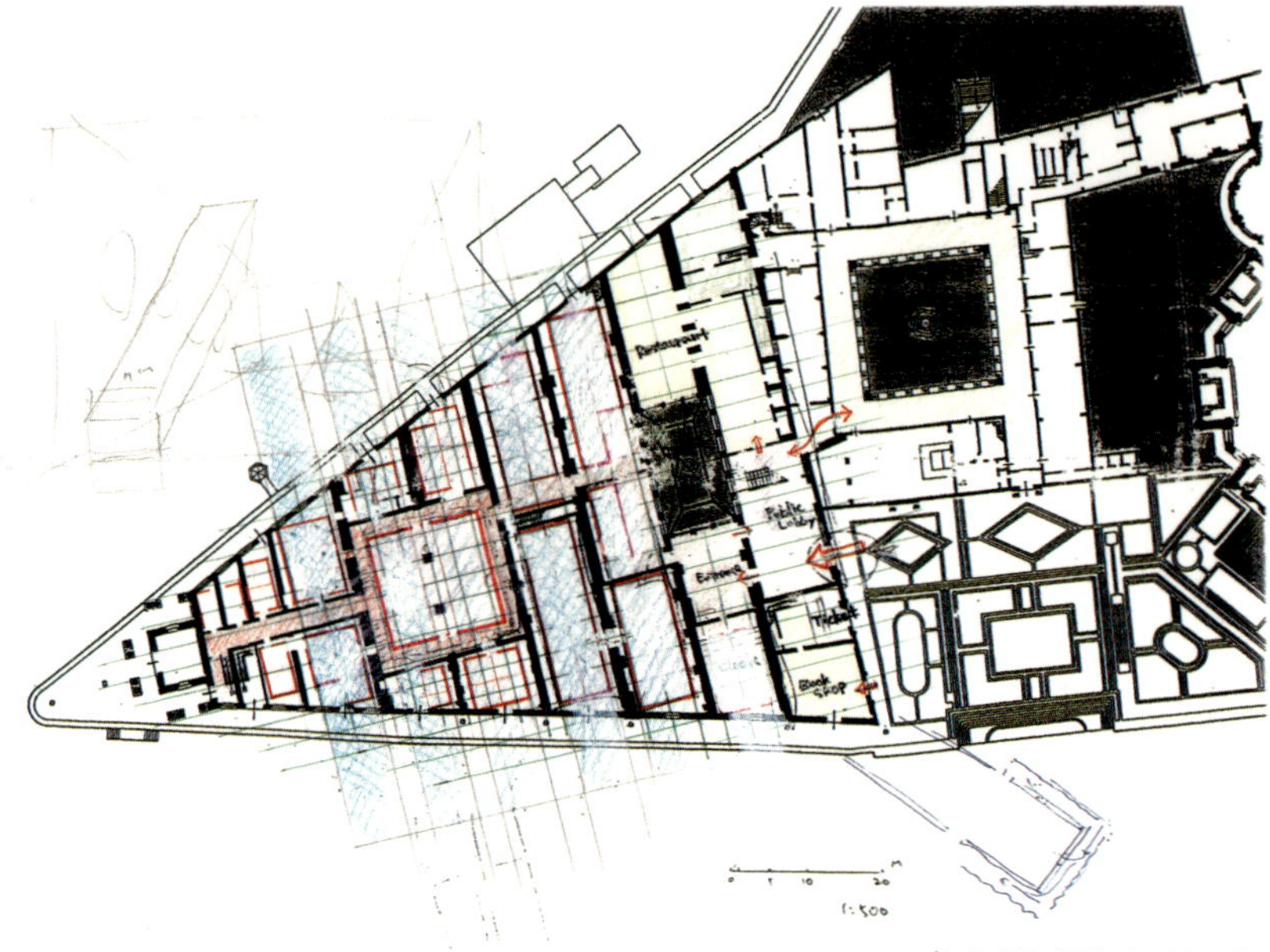

プンタ・デラ・ドガーナ、スケッチ。
短冊状に壁で仕切られた建物に、正方形平面のコンクリート壁を挿入する

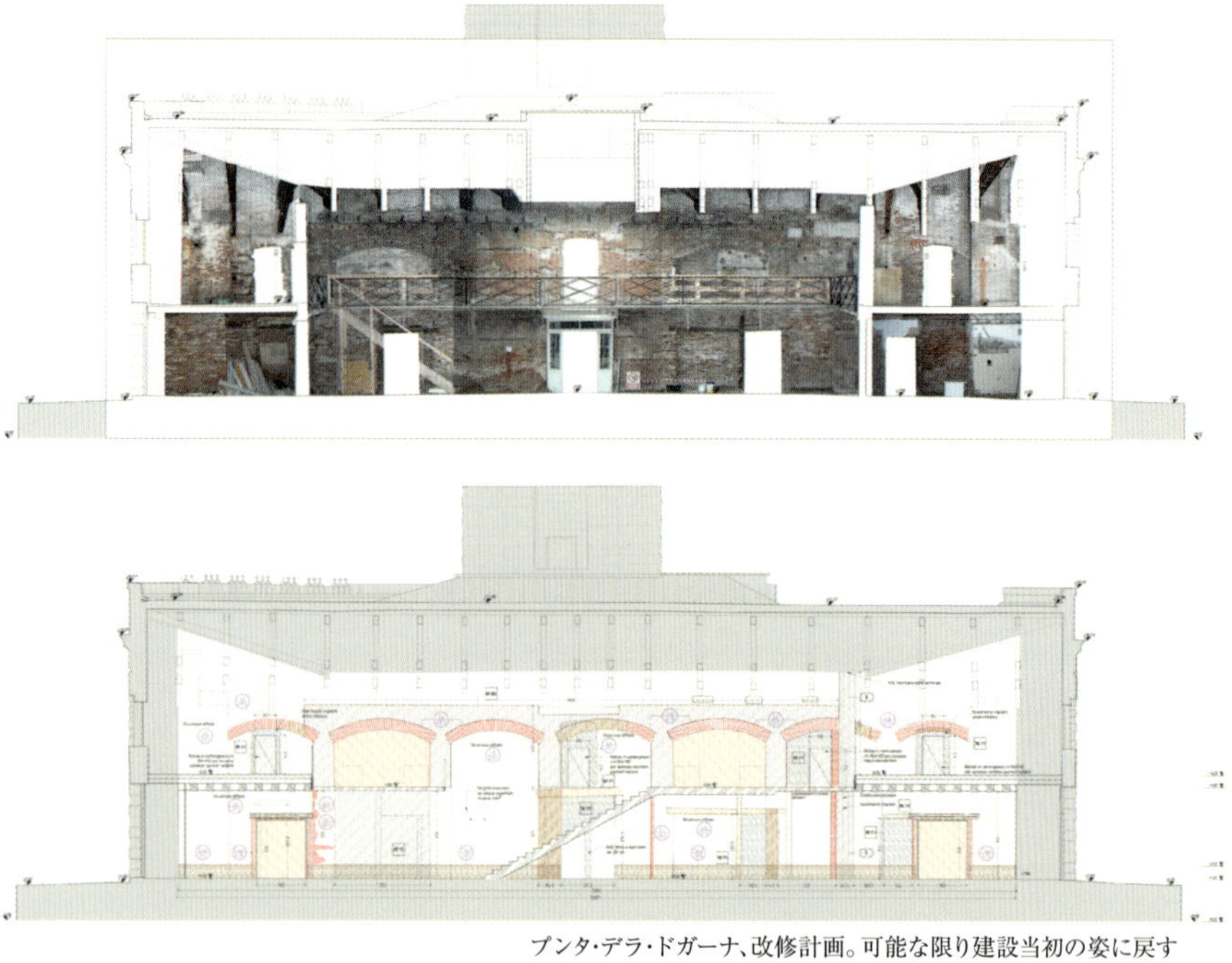

プンタ・デラ・ドガーナ、改修計画。可能な限り建設当初の姿に戻す

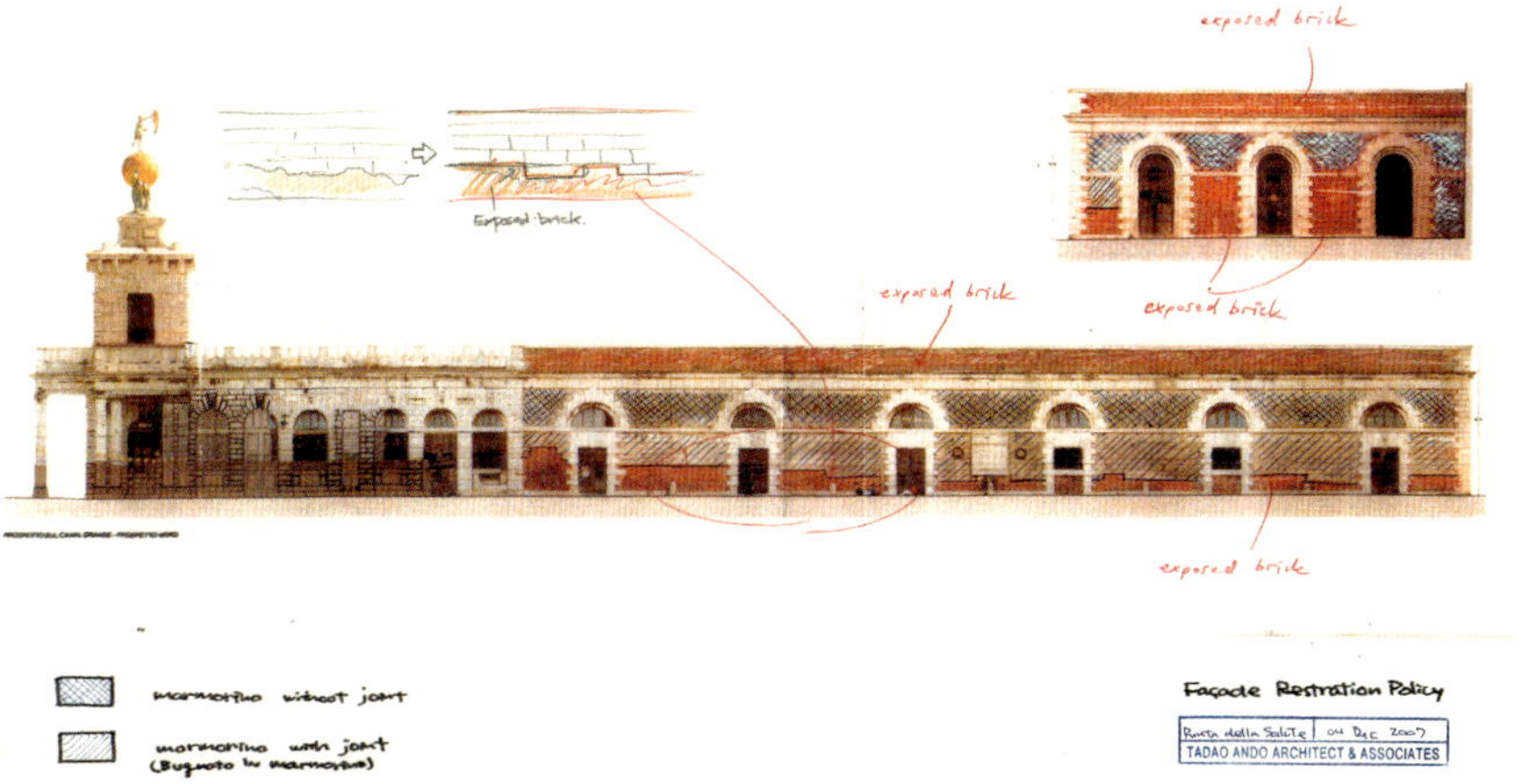

プンタ・デラ・ドガーナ、外壁の改修計画。
はがれた漆喰を全て塗り直すのではなく、レンガを露出させる

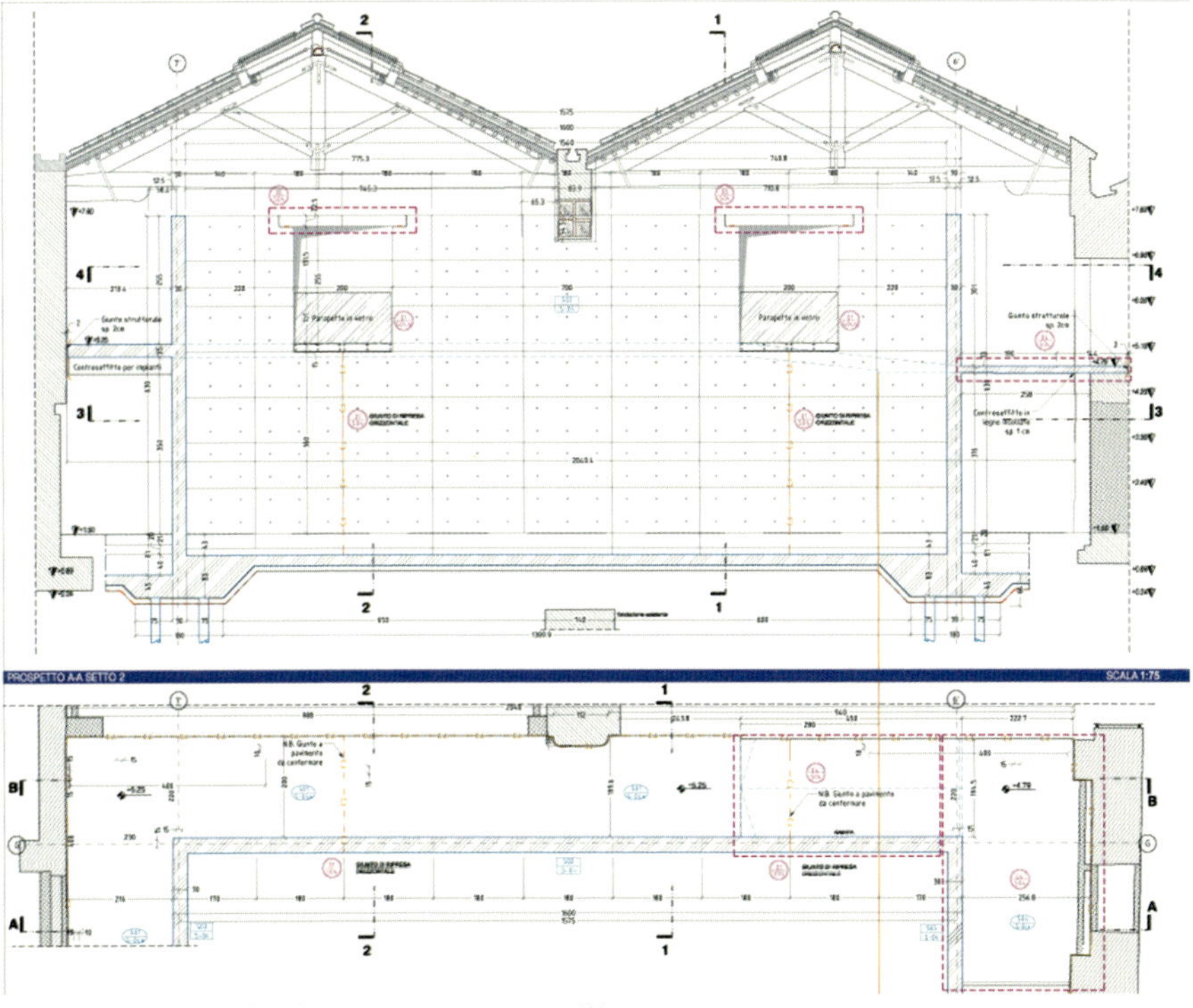

プンタ・デラ・ドガーナ。中央に挿入されたセントラルコートの詳細

——正円の空間を挿入しようと考えられたことは、その後のプロセスで変化していったようですね。

安藤　そうですね。既存建物の調査を進めながらの設計でしたので、新しい建築要素として加えられる範囲も、その都度変化していくプロセスだったのです。そこで先ほど言ったように、全体と部分の関係を考えていく時に、三角形平面の中に等間隔で挿入された既存構造壁との関係、機能や面積的な条件などから、正方形という幾何学が浮かび上がってきました。

もちろん、正円だけでなく、正方形や三角形、楕円にも強い求心性があります。最終的に「プンタ」では、昔の壁体を壊して大空間をつくっていたところに正方形を挿入することで、その中に立っていた二本の旧い柱も含めて、求心性のあるひとつの新しい世界がつくれるのではないかと考えました。ここには屋根があるけれど、スカルパの「クエリーニ・スタンパーリア」の中庭のように、外でもない、中でもない、広場のような新しい世界になるだろうと。

——物理的な距離が離れていても、場所を考えながら建築ができるのはすごいですね。

安藤　もちろん、とても大変ですが、サポートしてくれる人たちがたくさんいますからね。

プンタ・デラ・ドガーナ、模型。内部空間の構成

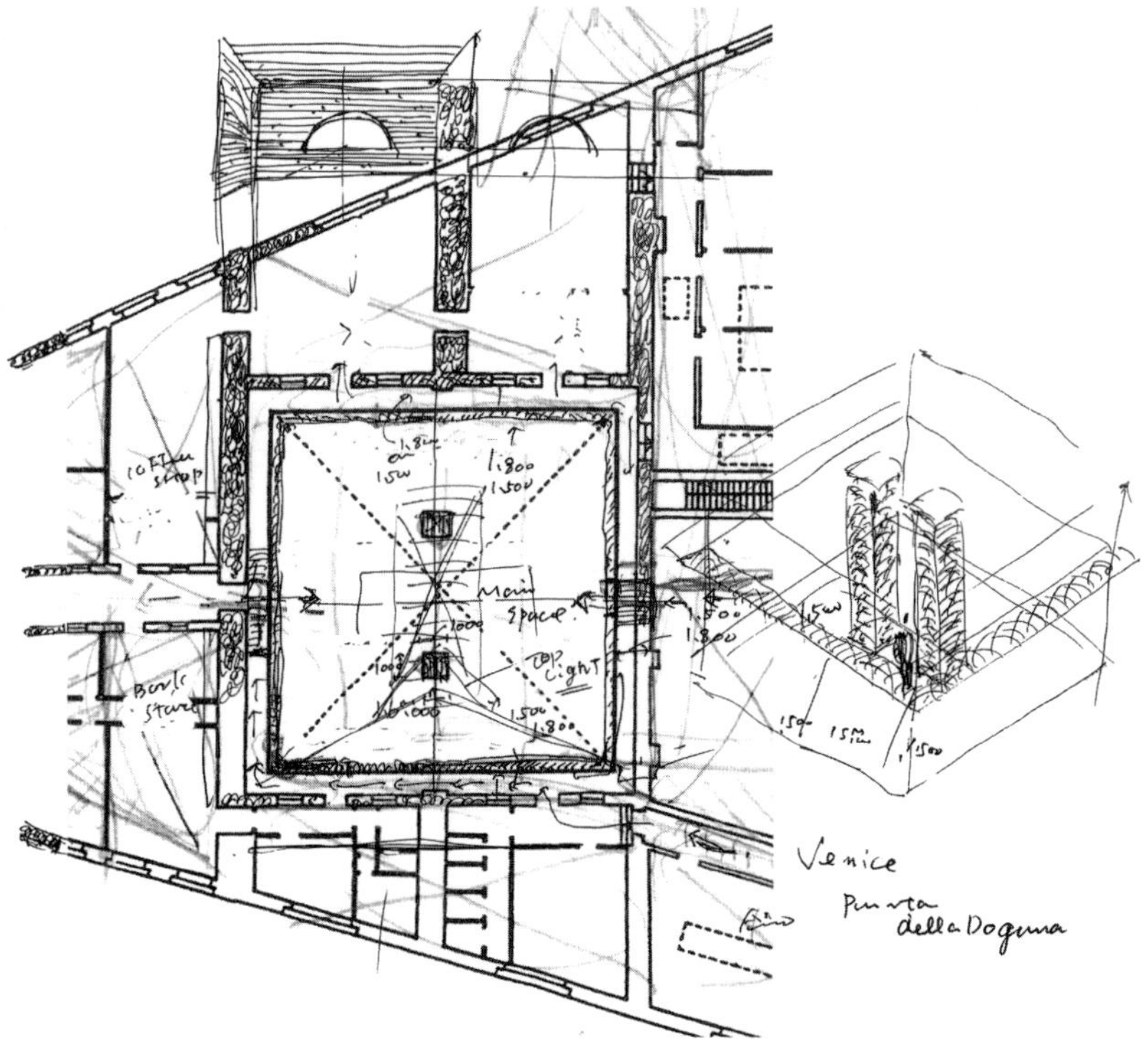

プンタ・デラ・ドガーナ、スケッチ。新旧の対話の場となるセントラルコートの検討

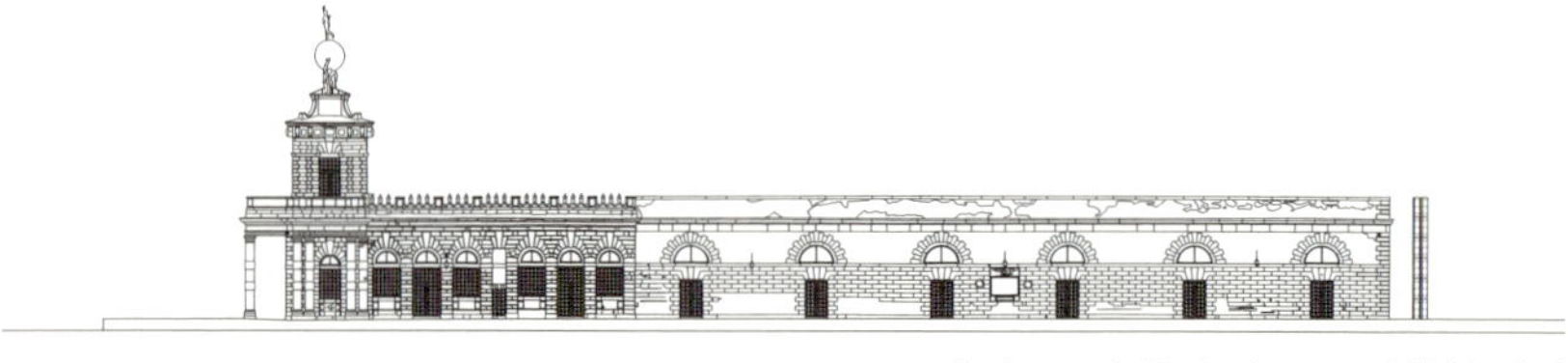

プンタ・デラ・ドガーナ、サンマルコ広場側の立面

プンタ・デラ・ドガーナ再生計画。右にサンタ・マリア・デッラ・サルーテ教会

プンタ・デラ・ドガーナ、断面

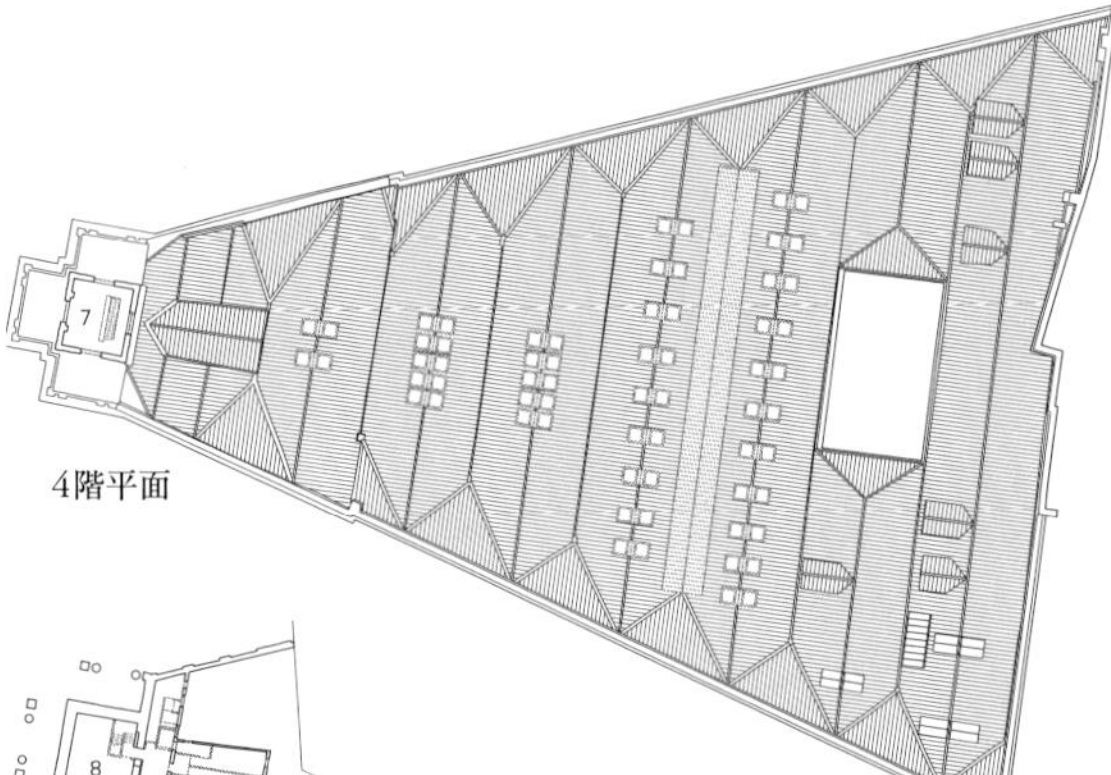

4階平面

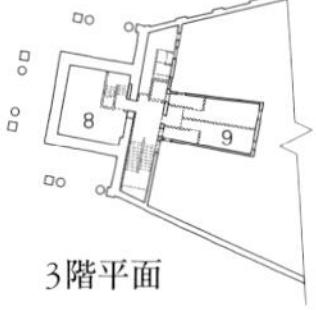

3階平面

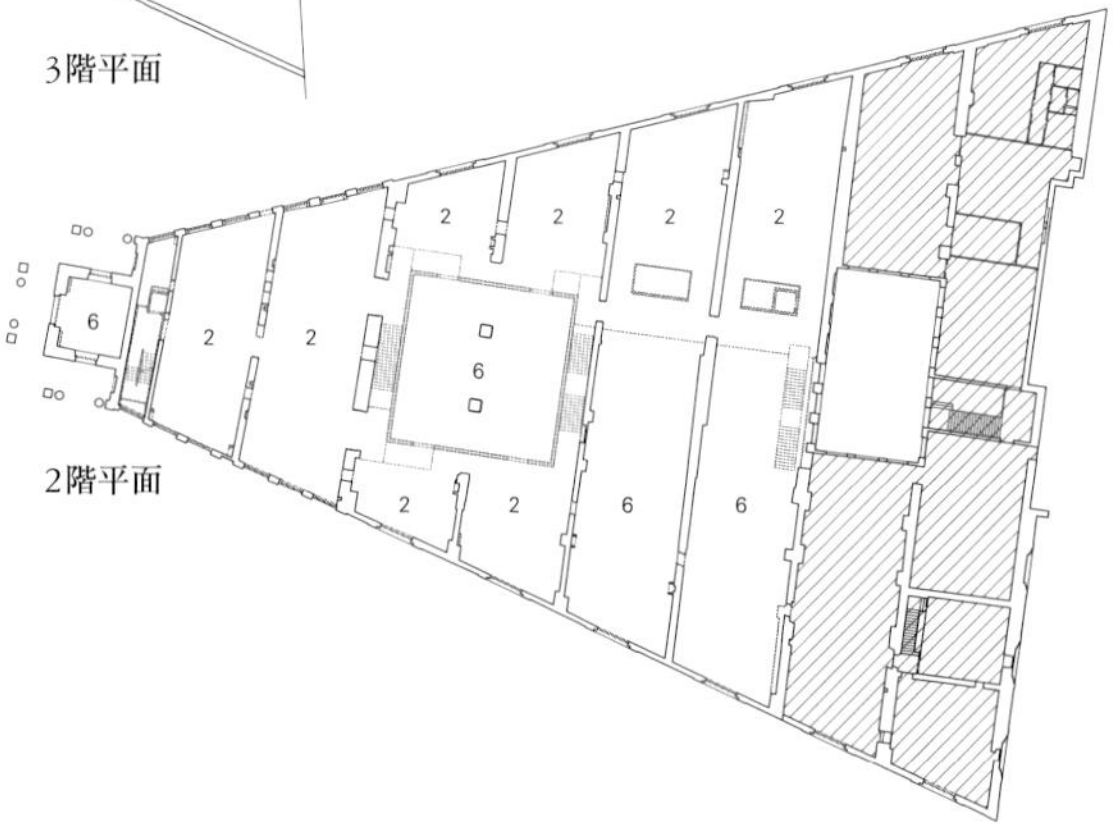

2階平面

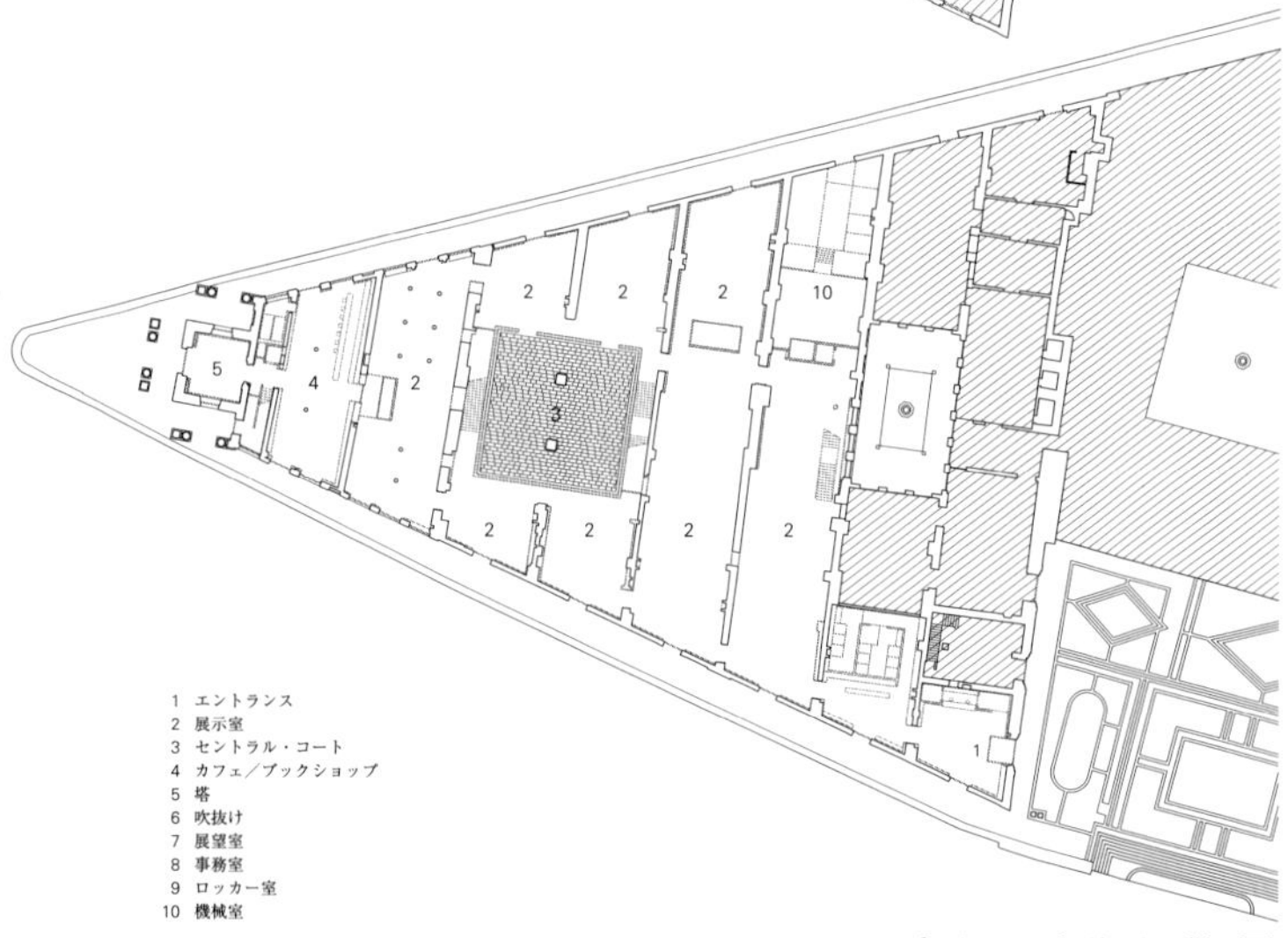

1 エントランス
2 展示室
3 セントラル・コート
4 カフェ／ブックショップ
5 塔
6 吹抜け
7 展望室
8 事務室
9 ロッカー室
10 機械室

プンタ・デラ・ドガーナ、1階平面

普段はあまり使わないのに、この時ばかりはコンピュータがあってよかったと思うのは、ほとんどのやり取りは電子メールでできるんです。一方で、技術者同士、私たちが行ったり、彼らが来たりしながらつくっている部分もある。そういう中で、お互いに気持ちをひとつにして「良いものをつくろう」という気持ちがあると、建築はでき上がっていくものだと実感しています。逆に、そうでないとできない。

実際にでき上がると、難しい場所、重要な場所であることを誰もが理解しているからか、けっこう「よくやった」と思ってもらっているようです（笑）。それに、何人かの人が刺激を受けて、新しい仕事をしないかと声を掛けてくれました。日本ではそういう文化があまりないけれど、そういう人が出てくるんだと感銘を受けましたね。例えば、ベネトンさんも「〈プンタ〉を見たら自分もやらないといけないと思った」と言っていました。それで今、「ファブリカ」の寄宿舎を計画しています。ピノーさんも、一度は中断した「パラッツォ・グラッシ」のオーディトリアム「テアトリーノ」を実現させたいという気持ちが一層強くなったらしい（笑）。今、あらためて設計をやり直しているところです。他にも、建築史家で雑誌「Casabella」の編集長でもあるフランチェスコ・ダル・コに紹介されて旧いパラッツォを改修する計画に呼ばれたり……。彼らは、建築を通して社会にメッセージが発信できると思っているし、彼ら自身、建築や都市から刺激を受け取っている。そういう人たちから、声を掛けてもらえるのは嬉しいと思っていますね。

プンタ・デラ・ドガーナ再生計画。15世紀の建物に挿入されたセントラルコート

アジアを視野に

――この数年、急激にアジアでのお仕事をされていると思います。そこでの建築のつくり方は、これまでと異なるのでしょうか？

安藤　私自身はそれほど違わないと思っていますが……。現代社会では、建築作法からデザインから工法、材料まで、みんな世界同時進行しているから、片方で建築が国際的になるというか、国籍不明になっていくと思います。それでいい、その方が良いと思う人もいるでしょうし、国籍がはっきりあった方が良いと思う人もいる。それは、一九六〇年代に初めて世界旅行をした時に、私自身が感じたことでもありました。

その頃にたまたま出会ったのが和辻哲郎の『風土』です。そして、その後に西田幾多郎を知る。西田という人は、あまり書斎を動かなかった人らしい。家の近くの、琵琶湖疎水が流れる南禅寺から銀閣寺までの道、今で言う「哲学の道」を散策しながら、自分の中で考えを深めていった。一方の和辻は、かなりの旅を重ね、現地を見て風土を考えた人です。彼は海外にも旅をしていました。私の基本的な環境に対する姿勢は、和辻の強い影響を受けていると思います。

和辻も西田も京都学派と言われていますが、ある意味でとても対照的ですよね。京都の大学にいた人は、和辻や西田を研究する人が多かったのですが、その一人、哲学者の梅原猛さんと知り合う中で、和辻が影響を受けたと言われているドイツの哲学者マルティン・ハイデッガーや西田についてもいろいろ教えてもらいました。

ハイデッガーは、建築の分野にも大きな影響を与えています。例えば、人間と環境の相互作用としての建築空間に着目したクリスチャン・ノルベルグ=シュルツ、さらに批判的地域主義を唱えたケネス・フランプトン。彼らは、「風土が建築に影響を及ぼすか」をテーマにした人たちだったと思います。それは、日本では戦後まで含めて歴史というと様式論で語りがちなのとは違う意味で、歴史的に積み重ねられてきた関係だったと思う。私自身も、そんなリアリティのある建築に惹かれ、それを目指してきたような気がします。一九六〇年代は近代建築に対する捉え直しが行われ、地域や風土の固有性に注目が集まっていました。私もこれらの本をずいぶん読みました。その意味で、現代においてもその豊かな広がりがあることを確認したのが、先ほどの世界旅行でもあったわけです。

一方で、その後数十年の世界的な建築の潮流は、「国際化」の動きを加速するように、コンピュータ上の操作によって建築を生み出すようになっていったとも感じます。それによって、建築に新しい世界を切り開く人がいてもいいし、一方であらためて環境に向かいあって、どのような表現が可能か問い直す人がいてもいいと思っているのです。

――そうすると、アジアといっても非常に多様な広がりがあるのでしょうね。

安藤　その通りです。アジアというのは、本当に多様な民族で構成されているのです。中国、韓国、タイ、マレーシア、フィリピン……。私たちからみたら、タイとカンボジアなんてすごく近いようだけど、生活も文化も全然違う。地図ではひとつに見えても、中国から見たら、敦煌やウイグル、モンゴルといったエリアは全く違う民族なわけです。それぞれの多様な民族とその生活があるけれど、現代はその違いに近代化や経済的な差が重なっていると思います。アジアに行くと感じるのですが、二一世紀に彼らが生活を豊かにしていくとすれば、その活力が地球を発展させると思うけれど、同時に食糧、資源、エネルギーといった問題によって、地球を破壊もすると思う。

そこで、これからどうやって日本が生きていくかという課題も見えてくると思うのです。例えば、生活の消費エネルギーを減らすといっても、勝手に減るわけじゃないでしょ。自分たちの生活の仕方や文化のあり方に関わってくる。同時に、例えば、現代の産業においてレアメタルという希少な金属が注目されています。日本が誇る精密機器に必ず必要なものですが、基本的に海外の資源に頼っている。だから、外交的な問題などで、すぐに供給が不安定になるわけです。でも、大量に生産され、廃棄された製品の中には、レアメタルが使われている。実はそれを取り出す技術は、東北の秋田県が先端的な技術を持っているそうです。秋田では元々、鉱山からレアメタルを取り出していたのですが、世界中でもそこにしかないような技術らしい。コンクリートの解体についても、様々な資源の再生技術が研究されています。本来、循環型社会の見本をつくってきた日本が、技術をベースにした新たな循環型の社会をつくることができれば、その社会のあり方を世界に問うこともできると思います。

このように考えると、アジアに取り組むことで、ある程度共通のルールで対話をしながら、それぞれの風土の豊かさを実感すると同時に、その伝統や環境をどう捉え、現在に結びつけているかを、私たちも学べると思います。それを通して、自分たち自身を振り返る良い機会だと考えているのです。

中国というスピード感

——中国という場所は、伝統との対話という意味でも、現代性の現れ方という意味でも、特別なものがあると思いますが……。安藤さんはどう考えられているでしょうか。

安藤　一〇年ほど前は、なかなか具体的なきっかけもなかったけれど、今では中国のクライアントとも対話ができるし、彼らの国際性と地域性に刺激を受けながら仕事ができると思いますね。その背景にあるのは一九八九年の天安門事件。それ以来、中国のたくさんの若い人たちがアメリカに留学しました。ハーヴァード、イェール、コロンビア……。そのままアメリカで活躍している人もいますが、帰国した人たちが五〇才前後になり、企業や役所のリーダーになっているんです。彼らは国際的なルールに則って仕事をすることを知っているし、その点では日本より進んでいるくらいですよ。

もうひとつ、この若い有能なリーダーシップに加えて、中国特有とでも言えるトップダウン式の物事の進め方があります。だから、こちらが提案、提示すると、決定、実行のスピードが速い。水曜に電話で依頼されて、土曜に「図面はできている?」と聞かれるようなスピード感だから、会社に持ち帰って一週間検討するような、民主主義的な日本人はなかなか付いていけなくて厳しいけど(笑)。

北京

上海

――今の中国には、国際的なセンスとパワー、活力があると。

安藤　それがそのまま良い建築ができる条件とは限りませんが、可能性はあると思います。

私は、建築というものは、実際にできたら、一〇〇年、二〇〇年、その場所に存在し続けることによって、人々の心にしっかり残っていく風景の一部になると考えてきました。それは、日本の奈良や京都を見てもそうだし、ヴェネツィアやパリでも同じ。あるいは田園風景に囲まれた丘の上にある、ル・コルビュジエの「ロンシャンの礼拝堂」や、パンテオンといった個々の建築物を見ても、人々の心に生き続ける存在だと思った。つまり、建築は消費物ではないと。そうは言っても、上海の風景を見ると、消費物と思えてしまいますよね（笑）。それでも、私のところに来るクライアントからは、日本人の精神構造と違うとしても、彼らの国際性と地域性が重なり合う中で、新しい提案が求められていると感じます。

例えば、日本は平城京をつくる時も平安京をつくる時も、みんな中国がモデルでした。しかし、中国の持つ中華思想や左右対称のシンメトリーの美学と、日本の建築は少しずれている。それは私自身の建築にも言えるかもしれない。そのようなことも感じながら、歴史、伝統、人間性を踏まえながら、クライアントと共に建築をつくり上げる面白さがあります。その意味では、過去に遡り、未来に挑戦するという刺激を受けていますね。

だから、今、私の事務所では、アジアの仕事には主に若いスタッフについてもらうようにしています。相手の言うことも聞きながら、自分の意見も発言する。その両方が必要だと思うので、トレーニングも兼ねて、という感じですが、今の日本の若い人は、それほど外国人アレルギーみたいなものもないし、しっかりと話ができるようになっていると思いますよ。

その時に、もうひとつ大事だと思っているのが、スペイン、イタリアで学んだように、建築をつくっていく時に、チームがいるということです。私たちの思いを伝えるためには、私たちの建築のメンタリティを分かっている人につくってもらう必要がある。一方で、日本の建築技術、土木技術のレベルの高さも確かなことなので、技術者の交流が必要だと考えています。そこで、これまで私の事務所と一緒に仕事をしてきた建設会社の人たちで、もう定年になろうかという人が何人もいますから、彼らに協力してもらって、技術指導や現場チェック、コーディネーターとして、定期的に行ってもらっている。これもひとつの文化交流だと思います。

北京と上海

――今、工事中と伺っているプロジェクトでも、北京の「国子監ホテル＋美術館」と上海の「保利大劇場」では、かなり取り巻く環境は違いそうです。

安藤　それは日本でも一緒です。私の建築も、ある面で頑なに自分の思いを守っている部分と、瞬時に社会に追い求められながらつくっている部分と両方あると思う。その辺りは、いつも気を付けて取り組んでいるつもりなのですが(笑)。

「国子監」は、北京の中心である故宮にほど近い歴史的街区「成賢街」の中にあります。近くには雍和宮があり、史跡として知られる孔子廟、中国の最高学府である国子監と向き合う工場施設を改修して、高級リゾートホテルと美術館をつくる計画です。工場施設といっても、ゲストハウスだったのか伝統的な中国の大屋根の載った建物でした。歴史的地区で、街路側の建物については景観保存の法律も関係しており、設計の条件は、それらの既存の建物を極力残しつつ、内部の改造と増築によって、全く新しい場所に生まれ変わらせるというものでした。

極めて個性的な既存の中国的意匠の造形に対し、新たにつくる部分として私が考えたのは、折衷様式のようなものではなく、全く異なる現代的な空間要素を入れ子状に埋め込んでいくというものです。新旧の要素を自立させて扱うという意味では、これまで試みて

国子監ホテル＋美術館。新築される美術館。新旧の建築の間は、水庭や滝でつながれる

きた「ファブリカ」や「プンタ」と同じ考え方ですね。

さらに、新旧をつなぐ「間」をつくる手法として、ここでも「水」がとても重要な役割を果たすように考えています。前面道路沿いには、北京の土壁の街区割をなぞるように、水の壁が立ち上がり、ある種のシンメトリーさを感じさせるでしょう。敷地内に入ると、エントランスから伸びる廻廊=軸線に対して、交差するように既存建物の間を流れるようにカスケードの水庭をつくります。既存建物と新たに挿入される建物の関係は、グリッドに載った整然としたものではありませんが、水庭によって新旧の緩衝領域をつくりながら、全体としてひとつのものにしていく。今まで自分たちが試みてきた、水と光、現代建築の技術と、伝統的な北京の町が衝突する、新旧両方の魅力を併せ持つ空間をつくりたいと思っています。

――新築される棟は、どのようなものなのですか?

安藤　新築の美術館は、ガラスとコンクリートによる二重構造の空間で、そこに大きな庇を張り出したシンプルな構成です。そこには、水をテーマとしたアプローチで導かれます。庇、石の壁など、伝統的な中国建築の要素を、抽象化した上で現代の技術で再現したようなイメージで、特に前面には中国的な格子のパターンを思わせるような、金属製のグリルのスクリーンを立てています。このスクリーンを通した光と影のパターンが、単純な構成の内

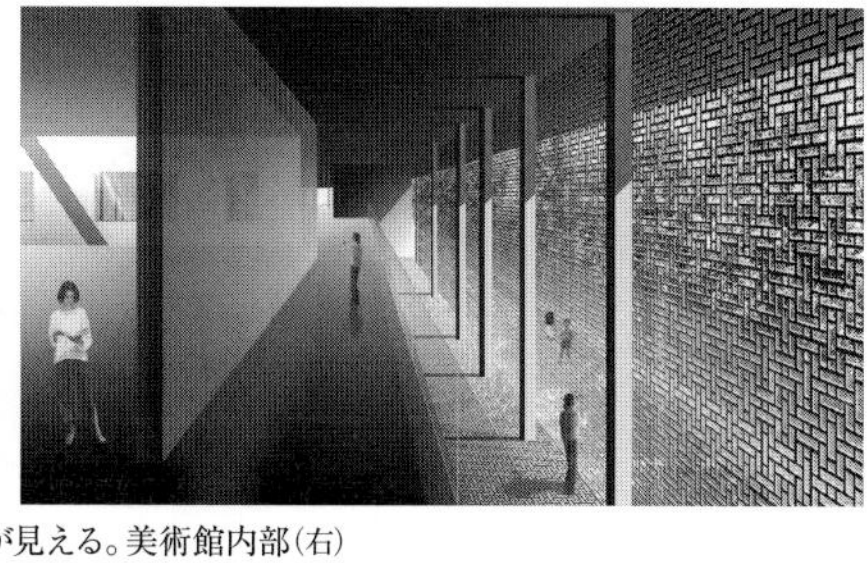

国子監ホテル+美術館。工事中(左)。右にゲストハウスが見える。美術館内部(右)

国子監ホテル＋美術館、国子監街より南を見る。右に新築される美術館＋ゲストハウス

国子監ホテル＋美術館、国子監街側のファサード。垂直の水による境界

国子監ホテル＋美術館。美術館の上に浮かべられるゲストハウス

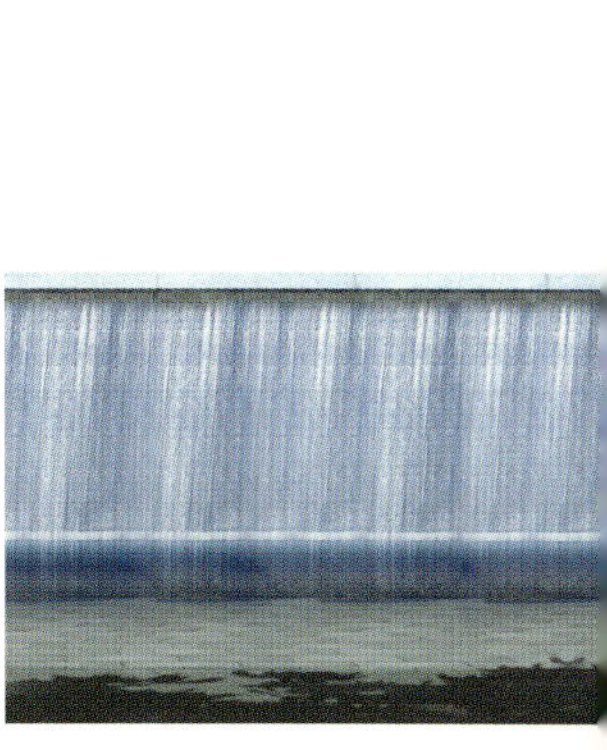

国子監ホテル＋美術館。既存建物と新築棟をつなぐカスケード

部空間に、奥行きを与えることを期待しています。

屋上は全面水盤として、その上に、勾配屋根を冠したペントハウスを浮かべています。美術館に付属する迎賓館のようなプログラムのスペースなのですが、ここは全て新築ですから、私なりに考える現代中国の建築として計画しています。同じ歴史地区ですが、ヴェネツィアの「プンタ・デラ・ドガーナ」よりいろいろなことができるのではないかと期待していますね（笑）。

――一方の上海は、巨大なキューブですよね。

安藤　「保利大劇場」は、上海郊外の急激な開発が進む新都心でのプロジェクトです。一〇〇平方キロメートルという広大なニュータウンの中心となるように、オペラハウスを含む文化的コンプレックスと商業施設、ホテルなどが求められていました。当然、求められる建築造形もきわめてシンボリックです。私は、「商業は要らないんじゃないの？」と言うのですが、それは必要だと（笑）。それでどうしようかと考えたのですが……。

上海は「東洋の魔都」と言われていたように、十九世紀の開港以来、常に西洋文明を採り入れる文化の輸入拠点であり、東洋と西洋、伝統と近代という異質なものの衝突をエネルギー源にして、国際都市であり続けてきました。ある意味で、文化の交流地点としての激しさを最も端的に表している都市かもしれません。面白いのは、上海の人が日本に来て、

「えらい小さい建物しかないんですね」と言うんです。確かに、現代都市としても、上海は日本のどの都市より大きいかもしれない。彼らの伝統的なスケール感も含めて、「大きさ」も視野に入れてつくる必要性を強く感じましたね。

そこで、都市のスケールに対応する、単純で抽象的な一〇〇メートル×一〇〇メートルという正方形の建物を、シンメトリーに二つ並べて、その一方をオペラハウスにする。もう一棟に商業やその他様々に求められた機能を入れようと提案しました。オペラハウスは、矩形のヴォリュームに、直径十八メートルの円筒状のヴォイド空間を上下左右、様々な角度から挿入し、内部に立体的な空間をつくり出します。都市の激しさを外観に表現するのではなく、内部空間として封じ込めた建築にしようと考えたわけです。

それは同時に、オペラハウスという建築を考えた結果でもあります。劇場建築は機能的要求からブラックボックスとして扱われることが多く、それゆえに外観しかない単なるオブジェになりがちです。中国というスケールでそれを実現すると、建築にならないように感じていました。むしろ新たな空間構成を内部としてつくることによって、都市の中の劇場という場をつくっていけるのではないか。その時にイメージしていたのは、ローマのパンテオンの空間です。完全に洞窟的でもありながら、都市に埋め込まれた空間として、二〇〇〇年の時を超えて、現代の我々の心に強く伝わってくる。そのような空間感覚を、現代の技術によって、新しい形で表現できないかと考えていました。

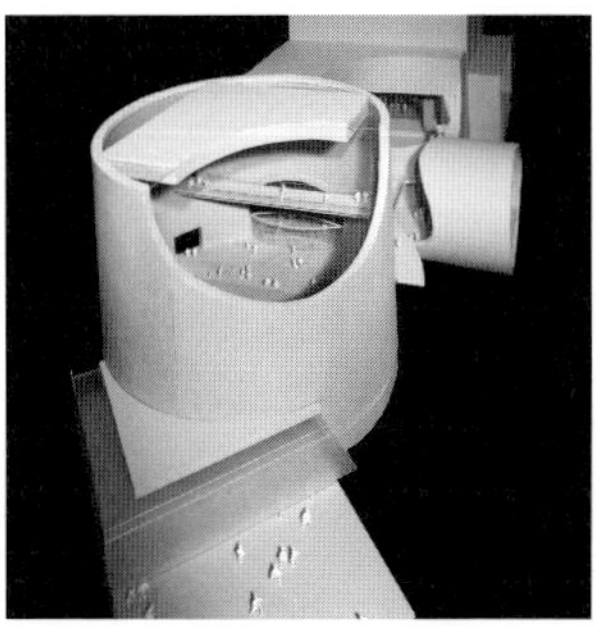
上海保利大劇場、ヴォイドの模型

上海保利大劇場、水面に浮かぶ100mキューブの建築

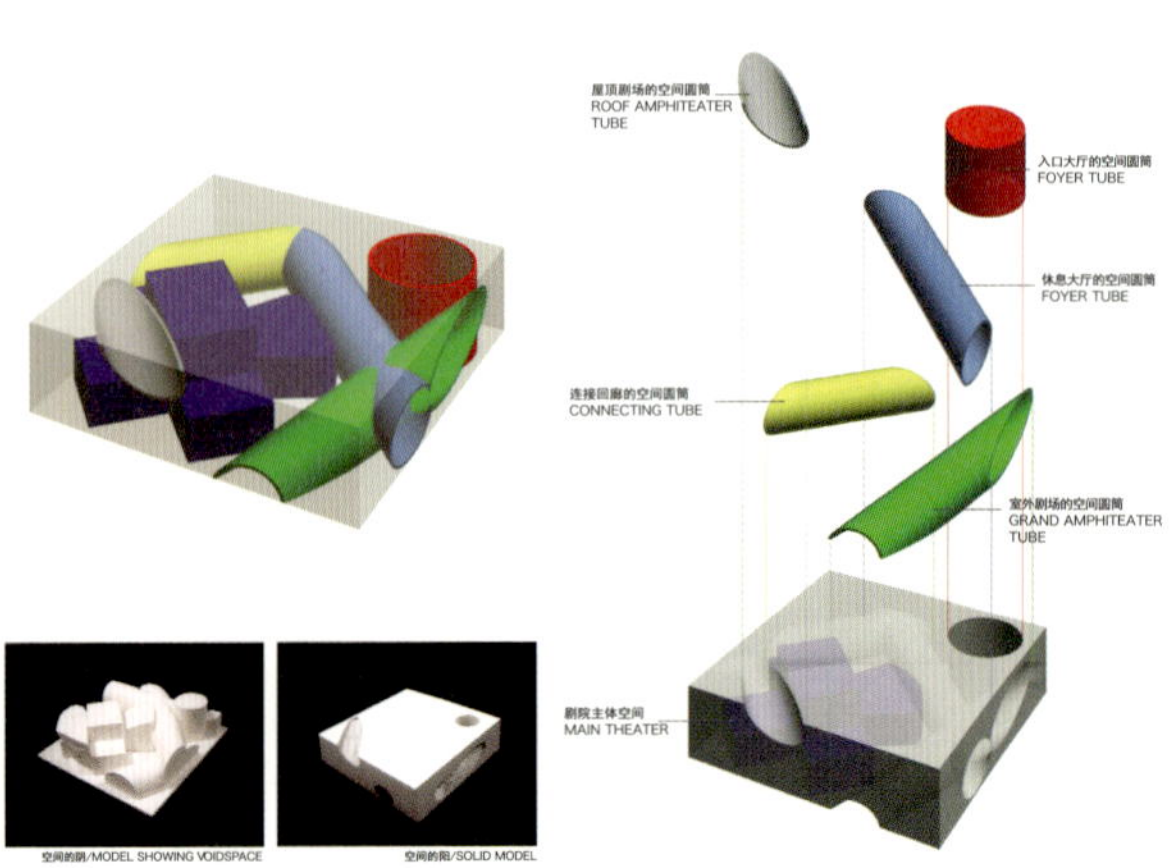

保利大劇場、空間構成のダイアグラム

保利大劇場。キューブに差し込まれた、都市の活力を反映するヴォイド

保利大劇場、エントランスホール

――ここでも水面が用いられていますね。

安藤　実は、上海のスケールを考えながら建築をつくり上げる幾何学を考えていった時に、「一〇〇メートルの立方体」という想像力からスタートしていました（笑）。でも、機能など様々な条件で、結局、三分の一の高さ三〇メートルになってしまった。ならば、大部分が地中に埋まっている立方体と考えればいい。建築は、想像力の働く部分が面白いと思っていますから、構想として立方体という概念は大切にしたいと思っていました。

そうすると、クライアントが「ここに水面が必要だ」と言い出したのです（笑）。それで人工湖を掘っています。すると、池に建築が映り込んでキューブになる。ヴォイドも水に差し込まれたように見える。抽象的な立方体という幾何学に、活力溢れる立体的な空間、夢の空間をつくりたいというロマンに、共感してくれたのではないかと思っています。

森から始めること

安藤　アジアで仕事を始めてみて感じるのは、人々が建築に可能性を感じていることです。私にとっても、木を植えたりいろいろなことをしていますが、基本的に建築が本業ですから（笑）。その建築には、つくり手が夢を見るだけでなく、クライアントや社会の夢もなければ、上手く実現されないと思う。その意味では、私は国内外で良いクライアントに恵まれてきたと思います。でも、今の日本の社会は、みんな下を向いています。それをどうにかしたい、という気持ちもあります。

――何か、手掛かりがあるでしょうか。

安藤　「のんきなことを言って」と言われてしまうかもしれませんが、東京に「海の森」をつくろうと言った時、多くの人が協力してくれたことは、本当に心強かった。

二〇〇六年に発表された「一〇年後の東京」計画は、医療問題、交通問題から産業構造の変革まで幅広い課題をカバーしますが、基本的には東京の都市整備、再開発の方向を循環型の環境都市に変換しようという計画です。その一部である「海の森」は、明治神宮の森とほぼ同じ大きさの、東京湾のゴミの埋め立て地を緑化して森にしようというものです。同時に、街路樹を現状から倍増させて一〇〇万本にし、小学校の校庭を芝生化することも

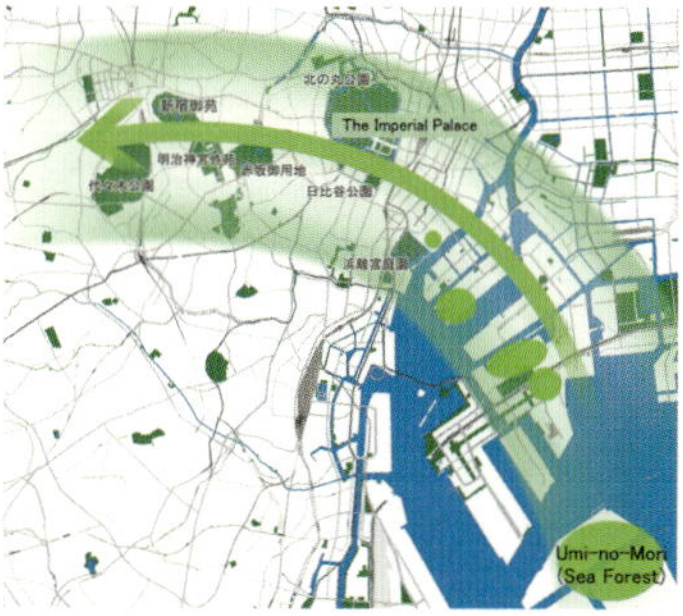

緑の回廊／風の道

海の森

提案しました。これらの緑がつながって、「緑の回廊/風の道」にすることを意図していました。この環境整備に「緑の東京募金」で多くの人に協力してもらったのですが、苗木一本一〇〇〇円でお願いして、「海の森」のための目標人数五〇万人は、かなり速く達成したそうです。

――木を植える活動は、これまでも各地で取り組まれていますよね。

安藤　最初は、一九九六年から始まった「ひょうごグリーンネットワーク」がきっかけでしたね。

先にお話しした通り、震災によって分断された都市の風景や、人々のつながりに対して、緑を媒介にした新しいつながりが生まれることを願って始めたものです。地元自治体の協力はもちろん、全国二〇〇以上の自治体から苗木の提供、多くの人が参加したボランティアや寄付によって、当初の目標を上回る三〇万本以上の木を植えることができました。

その後、「ひょうご」でも一緒にやった弁護士の中坊公平さんが関わった瀬戸内海の豊島での産業廃棄物不法投棄事件をきっかけに、「瀬戸内オリーブ基金」を始めました。不法投棄の結果、荒れ果ててしまった島の自然を取り戻したいと相談を受け、二人で広く呼びかけることにしたわけです。これも多くの方に協力が得られ、今はNPO法人に移行して、活動は瀬戸内海沿岸部も含めて大きく広がっています。

瀬戸内オリーブ基金
SETOUCHI OLIVE FOUNDATION

瀬戸内オリーブ基金のシンボルマーク

そして大阪中之島での「平成の通り抜け」。それから壁面緑化の「ツタ」ですね……。この桜の植樹運動は、日本の大手電器産業メーカーであるパナソニックさんの、社有地を活かした地域貢献プロジェクト「さくら広場」にも飛び火しました。名前の通り、一面を桜が覆う広場の計画で、二〇〇六年、まず千葉県郊外の湾岸地域、幕張と、大阪の門真に二つの「さくら広場」が誕生し、翌年に神奈川の茅ヶ崎、翌々年に大阪の豊中市と、現時点で四か所の敷地に実現しました。

パナソニックさんが企業として掲げていた目標は「環境創造」。桜(ソメイヨシノ)をシンボルとして展開しながら、それぞれの公園に雨水利用、太陽電池、風力発電、災害時一時避難所、非常用便所など、地域に応じた工夫をしています。特に茅ケ崎、豊中は工場に付随する緑地の活用であるため、周辺地域への貢献ということが意識されました。

「さくら広場」は、それぞれに広大な敷地に、文字通り桜をグリッドに沿って植えただけのシンプルな構成です。春にはやさしく穏やかな桜色で覆われ、冬には厳然と立ち木の並ぶ厳しくも美しい風景が広がる。面積がありますから、なかなか迫力ありますよ。建築としては、デザインも何もあったものではないですけどね(笑)。

各地の「さくら広場」の樹木が育ち、真の意味で完成を迎えるには、それぞれに最低でも五年の歳月がかかります。それを育てるのは、事業者だけではない、利用者となる近隣住民の意識の問題でもあります。地域の環境アメニティの向上と共に、コミュニティの育成にもつながっていくことを期待していたんですね。

さくら広場 門真

――それらの活動によって、人々の意識が変わってきたと感じられますか。

安藤　そのきっかけになるのでは、と感じています。「平成の通り抜け」も、極論すれば、何の役に立つのか分からない。地球環境問題に影響があるか分からないし、直接的な経済効果があるわけでもないでしょう。何より、「この国をどうしよう」という感じもあるけれど……。やはり建築家である以上、「建築は環境づくり」と思ってきたから、周囲を意識してつくっていく必要があると思っているのです。その意識が、ここまで広がってしまった(笑)。「建築家がそんな大きな話をするのはおかしい」と思われてしまうかもしれないから、あまり言わない方がいいのかもしれないけれど。

——最初のきっかけは、今のところ「木を植えること」ですよね。樹木や草花が大きな役割を果たすのは、日本の風土だからでしょうか。

安藤　江戸時代末期に日本にやってきた多くのヨーロッパの人たちが、緑豊かな循環型の都市のあり方を賞賛しています。日本の穏やかな風土の中で、日本の都市は「庭園都市」とでも言えるものでした。江戸が東京になっても、東京大学をつくるために上野の森を開発する計画だったのを変更し、森を残して本郷の加賀前田藩邸跡地に用地替えをしたり、大正期には明治神宮の森が新たにつくられました。都市の中の緑地は、都市構造にとっても、記憶を引き継ぐ上でも、重要な要素だったと思います。

だいたい、日本の気候では、どこでも木は自然に大きくなりますからね。私自身、「直島」や「淡路」で経験したように、それは基本的に自然回復なのです。少し手助けしてあげれば、勝手に大きくなる。

日本は、台風と梅雨で自然が保護されていると言われています。その循環によって、非常に恵まれた環境が成立している。ところが最近は、異常気象で台風が来ないらしい。梅雨もはっきりしない。これはもの凄い問題なはずです。日本の風土が持っていた循環が、壊れ始めているのかもしれない。このことだって、「どうすればいいのか」と考えなくてはいけない課題のはずです。

――一方で、建築に環境を取り入れたり、水や緑を扱うことは、制度的な境界を超えていく問題があったし、技術的な難しさもあったのではないでしょうか。

安藤　でも、本当に実現しようと思えば、できないことはないと思うのです。実際には、できていないものもあるけれど(笑)。それに技術的な問題はないと思います。もっとも、木を植えたら育てなくてはいけないから、メンテナンスは自分たちでするつもりでやる。

――安藤さんがよく言われるように、思いがなくてはならないということでしょうか。

安藤　それは思いというより、行動力、実行力と、それを持続する忍耐力という気がしますね。

――建築をつくる時に、環境を意識していかれた。それが安藤さんのランドスケープ的とも言える一連の建築になっていった。とすれば、植樹といった「環境づくり」自体は、建築とは少し違う話ではありますよね。

安藤　もちろん、違います。建築家が木を植えたり、建築家がボランティアをしたり、社会的な活動のサポートをする必要がないという考え方の人もいるでしょう。先端的な建築表現を追求している人もいるし、非常に思考的に研ぎ澄まされた概念を提示できる人もいる。私はそういう才能があると思わないから、地道にやっていこうと思ったわけです。それぞれのやり方で、いろいろな建築家がいた方がいいと思います。

でも、様々な活動をしていて思うのですが、「良い建築をつくる」ことと環境づくりは直

Teshima, 2000

Teshima, 2006

Awaji, 2004

Awaji, 2009

瀬戸内オリーブ基金の活動

結しているわけではない。環境づくりは、私一人でやるものではなく、みんなでやっているものですし、私が想像していた以上のことが実現できている。その意味では、建築家である以上は、社会貢献、社会参加が目的になってしまい、建築がおろそかになっては本末転倒だと思います。

ただ、今の日本の若い建築家を見ていると、もうちょっとだけ社会に片足を置いた方がいいとも思うのです。私みたいに置きすぎたらいけないけど(笑)。基本的に、建築家の言葉って、難しすぎるでしょ。一般の人には何を言っているのか分からない部分があると感じます。私は、それよりも、思いを込めた良い建築をつくることで、何かが伝わると信じているのかもしれない。それで、時間があれば、ちょっと社会的な活動をしたらいい。

——安藤さんにとって、建築をつくる時に、敷地から環境を感じ取っていく感性と、木を植えていくような活動をされる時の感性は、どこかでつながっているようにも思います。

安藤　それはそうだと思います。やはり、同じ意識から始まっていますから。

敷地を見ながら、ここで何で勝負に出るか、何を提案できるか。それはある意味で、瞬間的な判断だと思います。その上で、環境と対話をする、確かな空間のある建築が組み立てられる。そのような建築を、ひとつずつコツコツつくっていこうという気持ちがありますね。

場を読む

安藤忠雄　1987年

「ゲストハウスOLD／NEW六甲」について

建築を構想するとき、その敷地が持っている固有の条件、あるいは、敷地に内在する力が計画自身に影響を及ぼすのは、ほとんど自明のことであろう。

建築とコンテクストの関係を考えるとき、最初のコンテクストの読解が、すべてを左右するように思える。すなわち、コンテクストをどのように読むかによって、最終的な結果がかなり変わってくるのである。ただ、その読解というものは、建築家の個人的な能力や志向に大きくかかわっていると思われる。したがって、千人の建築家には千のコンテクストが存在し、一意的なコンテクストなるものはあり得ないであろう。

建築にとってのコンテクストとは、生命体が食物から摂取する栄養素といったおもむきをもっている。栄養素が、形態を変えながら身体を形成していくのと同じように、コンテクストもまた、建築を構成する要素となる。そのとき、コンテクストは建築の消化器官の中で昇華され尽くしたのち、建築の肉体となるのである。

いわゆるコンテクスチュアリズムは、コンテクストに同化または隷属したかたちで、建築を構成しようとしているように思えてならない。そのコンテクストとは、主として歴史的な形態をいうにすぎないようである。ここには、歴史的形態を、生のままで引用することでこと足れりとするのだが、建築とコンテクストをめぐる問題のただひとつの解答である、という誤解がある。コンテクストなるものが、歴史的形態のいわれにすぎず、コンテクスチュアリズムとは、その生のままの引用にほかならないのならば、建築という営為は、また、なんと簡単な作業に還元されることだろうか。そしてそのとき、コンテクスチュアリズムは、建築家がコンテクストを無視して計画を行なっているのではない、という便宜的な免罪符にまでおとしめられてしまうだろう。ものをつくり出すという作業が、過去の文化の総体の引用にその起源を持つ、という議論には反対意見を唱えるものではないが、しかしそのとき、引用ソースは完全に昇華されて、最小限その建築そのものの肉体となっている必要があろう。いいかえれば、建築となって結実したときには、コンテクストは潜在的に〈眼にみえないもの〉になっていなければならないのである。

もともと、日本には〈眼にみえるもの〉としてのコンテクストはなかったのだろう。古来伝承されてきた『花伝書』などの奥儀書も、そのいわんとするところは、結局〈かたち〉ではなく〈こころ〉であったりすることもそのあらわれだろう。この国における〈芸〉なるものは、たぶん、表面にあらわれる有形のものではなく、秘められた無形のものを尊ぶ傾向にあった、ということができる。すべての〈芸〉は、あり得べき〈こころ〉の持ちかたと姿勢を至高の到達点として目指したのである。日本人は、人から人へ、ものからものへ受け継がれていく〈こころ〉のなかに、文化の総体＝コンテクストがある、と考えていたようである。それは、いいかえれば、〈眼にみえないもの〉をコンテクストとして受け継ぐということであろう。

　だが、西欧の文化のなかでは、かたちが強く自己を主張する。あたかも、表にあらわれ出るものだけが意味を持つかのようである。それは、必然的に視覚の優越といった傾向に陥りやすい。今日、ポストモダニズムと称される建築の多くは、そのような西欧的な超越的視覚という病の末期症状であるようにみえる。歴史的形態だけが、いいかえれば〈眼にみえるもの〉だけが、建築のコンテクストたる資格を持っているわけではないであろう。コンテクストとは文化の総体のまたの名であるのだとしたら、〈眼にみえないもの〉たとえば日本人が、ながい年月を通じて育て上げた自然観や感受性もまた、われわれの視野のなかにいれておかなければならないであろう。あるいは、そういう〈眼にみえないもの〉こそコンテクスチュアリズムという言葉の内包する意味のフィールドの大きな部分を占めるものなのかも知れない。

　「ＯＬＤ／ＮＥＷ六甲」は、阪急六甲駅から山側へ十五分程歩いたところに建っている。敷地周辺は八分の一以上の傾きを持った斜面となっており、山頂には「六甲の教会」、西側には「六甲の集合住宅」が位置する。

　敷地には、近頃では珍しく、樹齢二百年の楠の大木が残っていた。また周辺には、このあたりに大量に産出した御影石による擁壁が続いている。

　平面計画は、この三本の楠の大木をかいくぐりながら行なわれた。また擁壁には、この地域に特徴的な御影の石積みを使用した。楠は関東のケヤキに対して、関西に一般的な樹木であり、御影石による擁壁は阪神間の高級住宅地の風景を形成していた要素である。

　その原風景を破壊することなく、建築を挿入しようとした。それは、その地域の人びとが育んできた場所に対する愛情や考え方をコンテクストとして受け継ぎたかったためである。眼にみえない無形の論理をひきだし、露わにさせる。建築という行為は、単なる形態の操作ではなく、空間の構築であろう。私は、まず敷地との葛藤より始めて、建築を固有の場として捉えたいと思う。建築の内部と外部とは、ひとつの場として連続している。建築は周辺との固有の関係を保ちつつ、ひとつの閉域として分節されるものだ、と考えるべきであろう。建物は、四つのレストラン・スペースが中央に配されるヴォイドによって、分断されながらも連続した構成になっている。一階ではエントランスに続く中庭とホールによって、ふたつの空間が連続している。二階では、そのホールの上部に架かる回廊によって、残りふたつの空間が連続している。二階からは遠く海を望むことができる。

　この建物が、街や自然と自立しながらも調和して、ひとつの全体化された風景をつくっていくことを期待したい。

建築に対する文化を実感してつくる

二川幸夫との対話　2009年

「プンタ・デラ・ドガーナ再生計画」について

歴史の中心地

二川　「プンタ・デラ・ドガーナ再生計画」の現地に行ってみて、まず、あの場所で日本人がよく仕事ができたなと感心しました。

ヴェネツィアのサンマルコ広場から見ると、建物自体は名建築ではありませんが、一番素晴らしい場所ですね。この建物のきっかけになった、パリのセガン島に計画された「ピノー現代美術館」（二〇〇一〜〇五年）の敷地は、中心部から離れた工場跡地だったので、全く異なる文脈の場所です。今回は、パリで言えば、シテ島で仕事をしたようなものでしょう。

あの場所は、ピノーさん個人が獲得されたのですか？

安藤　サンマルコ広場の対岸の税関岬《プンタ・デラ・ドガーナ》にある「海の税関《ドガーナ・ディ・マーレ》」は、十五世紀に建てられた歴史的建造物です。その建物を、フランス人実業家フランソワ・ピノーさんのコレクションを展示する現代美術館として再生するという計画ですが、定期借地で数十年の賃貸という形だと思います。

実は、これまでも数度の利用計画がありました。一度は、ヴィットリオ・グレゴッティという建築家の美術館計画案があったと聞いています。しかし、建物自体、国、ヴェネツィア市、バチカンの三者の所有する部分に分かれていて、結局はその合意を取り付けることができなかった。この七〇年、一部を倉庫とオフィスに使っている他は、ほとんど使われていない状態でした。

そんな場所で、市が主催して、この建物を活用する美術館のコンペが行われたわけです。そこで、運営する美術館と、建物を改修する建築家がチームを組んで提案することが求められた。最終的に、ザハ・ハディド+グッゲンハイム財団と、ぼくとピノー財団の二チームの戦いとなり、ぼくたちが選ばれたわけです。

二川　二〇〇六年完成の「パラッツォ・グラッシ」との関係は？

安藤　今回の建物は、「パラッツォ・グラッシ」の別館みたいなものです。「パラッツォ・グラッシ」は、カナル・グランデに面して十八世紀後半に建てられた、ジョルジオ・マッサーリ設計による新古典様式の邸館建築です。それをフィアットが手に入れ、ガエ・アウレンティが改修して美術館として使っていました。

　ピノーさんがそれを取得して、ぼくに設計を依頼してくれたのは、パリの計画が頓挫したわずか二週間後のことでした。アウレンティは、かなり昔のものを覆い隠していたので、それをなるべく元に戻して、入れ子としてホワイトキューブを挿入しようというのが、ぼくの発想でした。

　今回は、ピノーさんが所有する作品の数も多いので、「プンタ・デラ・ドガーナ」と「パラッツォ・グラッシ」の二つの建物が、カナル・グランデで行き来できる、ひとつの美術館としてネットワークできたら面白いと考えられたようです。

二川　彼の本職は何ですか?

安藤　最初は材木業から始まり、流通小売業から、最終的には百貨店プランタン（二〇〇六年売却）から、グッチ、サンローラン、シャトー・ラトゥールなど、多くの高級ブランドを傘下に持つＰＰＲ（ピノー・プランタン・ルドゥート）グループをつくった人です。

ルイ・ヴィトンなどを擁するＬＶＭＨグループと二大財閥と言われていますが、ＬＶＭＨ会長のベルナール・アルノーさんが上流階級出身であるのに対し、ピノーさんは自分で稼いできた人と言われている。現在は七〇歳を超え、経営を息子さんに譲り、文化活動や投資活動をされています。

　しかし、世界的な不況で、文化支援活動が後退している中、この計画に掛ける思いは大きかったようです。自分がやめるわけにはいかない、自分の持っている財産を全部出しても続けるという強い意志を示されていました。

歴史的建造物と現代建築

安藤　ヴェネツィア中心部でのプロジェクトは確かに大変でした。既存建物は、法律によって、内外部とも原型への修復以外の変更は厳しく規制されています。そこで、耐震補強なども施しつつ、度重なる改造で隠されていたレンガ壁や木のトラスを修復して露出させる。壁を壊して中央部につくられていた大きなスペースは例外的に復元せず、そこにコンクリートボックスを挿入しようと考えました。その新旧の対比によって、この建物の個性、魅力がさらに浮かび上がるように考えたわけです。

　実は、ヴェネツィアにつくるにあたり、カルロ・スカルパの建築を再度訪れました。ヴェネツィアにある美術館、「クエリーニ・スタンパーリア」(一九六三年)です。それを見て、あらためて美しい中庭が非常に印象的でした。

二川 あれは凄いですよね。

安藤 マリオ・ボッタが増築していますが、それは要らないと思うくらいです(笑)。いずれにしても、それを見ながら、スカルパとパラーディオがイマジネーションで繋がってきました。税関の建物の周りには二つのパラーディオの建物があります。パラーディオの建物は、基本的には幾何学的ですから、それに対しても立方体という幾何学が相応しいように思いました。

当然、ヴェネツィア市もコンクリートを打つなんて、とんでもないと言っていました。単純にコンクリートの壁をつくるとしても、基礎が必要です。しかし、ヴェネツィア全体は海の上に浮いていますから、ちょっと掘るとすぐに海水が出てきたりして、けっこう大変なことになる。打つこと自体より、海水などが浸水してきて既存建物を痛める心配があるから、ダメだというわけです。

話し合いを重ねる中で、市長が協力的だったことが非常に大きかったですね。市長はマッシモ・カッチャーリという、美術史と哲学の大学教授が本職の人です。その人が、古いものの中で閉じこもっているだけではダメで、新しいものを入れないといけないと言ってくれた。ぼくの作品集も十冊くらい見てくれて、ちゃんと理解できているから、そんなに遠慮せずにやってくれと言われました。それで、万全の注意を払ってやろうということになったのです。ただ、外壁など歴史的な部分の修復に関しては、専門家がいるから、よく意見は聞いてくれと。このように、イタリアでは、政治家の文化レベルが非常に高いということがよくあるようです。

二川 そうすると、きわめてスムーズだったのですか?

安藤 スムーズと言えなくもありませんが……。実際には、あのような場所にぼくが行って、簡単に仕事ができるものでもないということは分かっていました。歴史的建造物やイタリアの建築技術の知識がなく、ただ絵を描いても、到底実現できないわけです。

以前、「ベネトン・アートスクール」(二〇〇〇年)を設計した時にも同様の問題がありました。そこで、左官、大工といった施工者、建築技術者、意匠技術者から、フランチェスコ・ダル・コのような歴史家まで、様々な人に協力してもらったわけです。実は、その後も、このエリアの仕事はそのチームと一緒にやっています。今度も同様で、彼らもぼくのやり方を分かっているので、何とか進めることができた。このチームがなかったら、ニッチもサッチもいかなかったと思います。

やはり手間が掛かったのは、歴史的建築物の扱いです。外壁を修復する時も、市の人が昔の図面を持ってきて、専門家とも打合せをしないといけないけれど、ぼくにはそのような知識はない。それを全部チェックしてスムーズに設計が進むようにしてくれたのは、彼らの力です。

また、市も設計段階で図面を詳細にチェックするだけでなく、監理まで関わっています。工事中の現場に来て、新たに分かった事実を調査し、それに応じて修復方針も修正し、あるいは工事に対して、もっと良い材料があるから用意しようと提案してくれたりします。木材や屋根瓦、レンガなどが、十五世紀用、十六世紀用などと細かく区別されて、古材バンクにキープされているそうです。

一番上まで上がってみると分かりますが、屋根瓦まで全部十五世紀の材料を古材バンクから集めてきています。ピノーさんは当然、経済的にきっちりした方ですが、これについては資金的にも余裕をとり、認めてくれました。そのように、床の材料も、壁の材料も含めて、ヴェネツィアのチームと一緒に選定をしています。

調査の結果、新たに加えられる建築要素は非常に限られていることが分かりました。外部はほとんど新しい形はできないのですが、窓枠や格子をデザインできそうだということで、イタリアの技術を活かしながら何かできないかと考えた。彼らと相談しながら、カルロ・スカルパへのオマージュにしています。

二川　そうだと思いました(笑)。

安藤　イタリアは、建築の技術が非常に高いのです。その技術を使い、グリルはアルミでつくりました。鉄なら簡単ですが、アルミをあのような複雑な形に加工するのは難しい。しかし、海の上の敷地でアルミが錆びないことを重視し、何とかできないか現地チームと一緒につくっていきました。

でき上がったグリルの落とす影を見ると、スカルパさんへのオマージュという感じにできたように思います。

二川　ヴェネツィアと言えば、伝統的な木の杭が有名ですが、基礎はどうなっているのですか?

安藤　今でも全部、松杭による昔の手法と決められています。

その上で不同沈下の恐れがある箇所などに最小限の補強を行いました。松杭は二〇〇〇年大丈夫と言われていますね。

二川　それは凄いですね。総工費はどれくらいかかったのですか？

安藤　補修と内装ですから、それほど高くはないと思います。二〇〇〇万ユーロ（約二七億六〇〇〇万円）くらい。

二川　それは安い。

安藤　規模も一二〇〇坪くらいで小さいですからね。ただ、屋根も掛け替えていますし、外壁もつくり直しています。だから、施工者は、頑張ったと思います。

建築に対する基本的な考え方

安藤　そのような設計プロセスで実感したのは、経済状態はけして良くありませんが、イタリアは建築を非常に大事にしていること。

二川　ぼくもつい最近、久しぶりにトビア・スカルパに会い、そのことを再確認しました。彼は、お父さんのカルロ・スカルパ同様、美術館など古い建物の修復をずいぶん手がけているんです。彼の本を見たり、いろいろな海外の雑誌を見ていると、イタリアという国は、新築はなくても、かなり立派な、建物を再生するプロジェクトがたくさんあることを実感した。

フランスやスペインでも修復しますが、イタリアが質量ともに抜きん出ていると思います。

安藤　それに比べると、日本は確かに解体は上手いけど、こんなに歴史を解体していいのかなと思うくらいです（笑）。

二川　先ほど、イタリアの役所は古い材料を持ってきてくれると仰いましたね。ぼくの体験で思い出したのは、ＭＩＴでコンピュータを使って昔の建物を復元している人がおられますが、安藤さんが言うのと逆で、どの建物にも同じコンクリートのテクスチャーを表現していた。ぼくの意見としては、コルビュジエ、ルイス・カーンと建築家によってコンクリートの表現が違っているとサジェスションしたことがありました。

安藤　そう思います。

二川　今度の建物で一番印象的だったのは、安藤さんが新たに挿入されたコンクリートの壁。それは単なる壁ではなく、「世界で一番美しいコンクリート」の壁だと思いました。

コンクリートは、ごく一般的な建築材料です。今回の計画は、状況としては桂離宮にコンクリートの部位があるようなものですが、二一世紀の現代において、ヴェネツィアだけでなく、京都でも普通の町でもどこでも起こりえることで、一般的な出来事とも言える。

その時に、ヴェネツィアが、コンクリートだから絶対許さないということではなく、これを実現した。そのひとつの解決が示されていることは、デザインという次元より大きな枠組みの問題として、非常に感銘を受けました。

しかも、デザインとしても、古典材料に負けない美しさを、コンクリートでも表現できることを実践したことが、歴史的な事件と言ってもいいと思います。

イタリア人は建築、特に自国の建築をすごく大事にします。だからこそ、ヴェネツィアを初めとする歴史的遺産が残されてきた。広場から運河越しに建物を見ながら、ヴェネツィアの最重要エリアを外国人にさせることの凄さを実感しました。彼らは歴史的なものに対して非常に厳しくて、一方で拒絶する部分は絶対に拒絶する。そんなイタリア人の考え方に対して、日本人はどう解釈するのか。日本人はもっと学ぶべきだと思います。それは建築だけの問題だけではありません。

イタリア人が、コンクリートのあんなに美しい壁を、しっかりつくらせ、またつくったことは、古いものを修復したり、新しく活用する場合に一番大切な、ものの考え方を示したと思います。今後、あの壁はおそらく正統な形として生きていくと思う。つまり、仮設とか修復ではなくて、あの建物の歴史に新たに加えられた必要な部分として、引き継がれていくのではないでしょうか。それが建築に携わっている人間としては、とても嬉しかった。次に修復する時にも、イタリア人はあの壁を残すだろうと思います。

日本人建築家が、そういうものの考え方に対して、非常に高いレベルで協力して建築をつくった。歴史に楔を打ち込む、非常に存在感のある仕事だったと思います。

安藤　ぼくは、かつて大阪の中之島公会堂に、卵状の構造物を入れ込む提案をしました（「アーバンエッグ」、一九八八年）。しかし破壊的ということで断られた。その時は、昭和初期の古い建物の中に球体を入れた。今回は、十五世紀の建物の中に幾何学的な立方体を入れる。卵と立方体の違いはありますが、考え方は一緒なのです。

つまり、新たに挿入されたものが、これからの未来の建築の始まりになればいいと考えています。古い建築であっても、前を向いている、未来に繋がるという意志だけは表したい。今回もそう説明したら、「ぜひ、やりたい」と言ってくれました。

二川　今回の成功で、今後の日本建築の修復に、いろいろ新しい解釈が起こるのではないでしょうか。

世界一のコンクリート

安藤　ぼくも驚いたのですが……。意外とイタリア人とフランス人は仲が悪いのです。だから、ピノーさんがフランスからイタリアに美術品を持っていくことに、フランス人は好意的ではない。「パラッツォ・グラッシ」の時は、けっこう厳しい評価を聞きました。でも今回は、難しい場所、重要な場所であることを、誰もが理解していて、フランス人がきっちりと戦ったと評価されているようです。我々の建物についても、よくやったと思われている。

途中、「外国人反対」、「TADAO ANDO反対」と張り紙もされました。ピノーさんは「良い宣伝だ」と言って、妥協しませんでした。ぼくも同じように、こんな遠くまで来て、妥協してやっても仕方がないと思っていた。途中で上手く行かなかったら、やめればいい。だから、ヴェネツィアに何度も行って説明もしました。日本語で一生懸命話すと、何を言っているか分からないけれど、熱意は伝わる。イタリアの人も熱意を評価してくれたと思います。本気でやっていると理解してもらえた(笑)。

二川　態度で分かるんですよ。

安藤　コンクリートを打つ時も、我々がどのようなコンクリートにしたいということ以上に、現場の人たちの思いがありました。現地チームに、ずっと協力してくれているコーディネーター兼現場監督の人がいるのですが、単なる商売ではないと気合いを入れてくれた。彼はヴェニスの人ですから、地元で恥ずかしい仕事はできないという気持ちもあるし、何回も大阪に来ていて、日本の施工者より上手くつくってやろうと思っている。だから、コンクリートだけでなく、鉄も良くできています。それに、ピノーさんも思いがあるでしょ。それも伝わって、みんな気合いが入っていました。

概して日本の場合、工事は綺麗にはできるのです。大手ゼネコンならまず間違いはない。でも、思いがない。それが建築として見えてきてしまうと思います。

二川　まさに安藤さんが言われている通りだと思います。ツルツルして綺麗とかではなく、張りがあると言うか……。つまり、緊張感です。ものをつくる場合は、それが見えてきてしまう。コンクリートだけでなく、木造でも同様です。

コンクリートという粘り気のある物体を、中が見えない型枠の中に打っていく。本当に綺麗にできるかは読めないわけです。それを打つ時の緊張感が表面に出てくるように思います。今回の建物は、海の上の文化財という状況の中で、それが強く出てきている。

寸法や見付けの問題は、安藤さんが若い頃にはずいぶん苦言も呈しました。でも、今や卒業されて、間違いがない。その点では名人になっている。それらが合わさって、単に古い建物の中にコンクリートの壁があるということではなく、あなたがよく言われる「新旧の対話」が伝わってくる。

安藤　このプロジェクトができて、何人かの人が刺激を受けて、新しい仕事をしないかと言ってくれました。そのように、建築から刺激を受けて生きている人が結構いるんですね。日本はそういう文化が弱いと思います。

例えば、ベネトンさん。今回の建築現場にも来たし、完成した姿を見て、「安藤さんともうひとつつくりたい」と言ってくれました。これを見たら、自分もやらないといけないと思ったと。ピノーさんも、以前から計画している、「パラッツォ・グラッシ」のオーディトリアム棟(「テアトリーノ」、二〇〇五年〜)を、ぜひ進めたいと言っています。

もうひとつ、フェンディがローマの十五世紀の建物を買ったと。フェンディはピノーの競争相手なのですが、やって欲しいと言っています。

二川　ローマのどの地区ですか?

安藤　ローマで一番の門の横で、コロッセオのすぐ近く。こんなところでできるのかなと思います(笑)。

そのように、これからも幾つか、新しい建築と古い建築がぶつかるものをつくれと言われています。彼らは建築を通して社会にメッセージを発信していこうという意識が強い。ものは小さいですが、そういうチャンスがもらえることはありがたいと思っています。

第四章　建築を育てること

時間を経ることを考えると

――二一世紀に入ってこの一〇年を考えると、安藤さんの仕事を見ても、一〇年前にはほぼなかった中国、台湾、韓国のプロジェクトが非常に増えています。安藤さん自身、社会全体も建築を取り巻く状況も大きく変化して、隔世の感があると言われていました。

安藤　特に日本で一番大きな変化として感じているのは、「建築が誰にも相手にされなくなった」ことです。そこで分かってきたのは、いろいろな意味で「建築ひとつではどうもダメだ」ということだと思う。

例えば、瀬戸内海で「瀬戸内芸術祭」というのをやったでしょ。数年前から世界中からアート好きな人が直島にやってくると言われ始めましたが、だいたい年間三〇万人らしい。それが芸術祭の年は、七月下旬に始まって一〇月末までの会期で一〇〇万人近い人が来たそうです。それは突然起こったことではなくて、直島で二〇数年続けてこられた福武總一郎さんの強い思い、努力があるわけです。

私たちも同じ年に、「李禹煥《リー・ウーファン》美術館」をつくりましたが、「最新作が話題を呼ぶ」というこ

李禹煥美術館

とではなく、ちょっとずつつくってきたということが大きかったと思う。四年前にはホテルをつくりましたし、これまでに七つのプロジェクトを実現してきました。

つまり、単体の建築をつくれば人がくるとか、何かが大きく変わるということではなくて、アートがあって、民家があって、ホテルをつくったり、森づくりがあったり……。環境的な総合力でやっていこうということです。それには時間が掛かるけれど、成果が出てきたのだと思います。

――しかし、雑誌などでも芸術家や建築家がスターとして扱われているように、その作品を見にくるという影響力はあるのではないですか？

安藤　単体のものは、二年もすれば飽きられますよ（笑）。

例えば、「近つ飛鳥博物館」では二〇年弱、「狭山池博物館」では一〇年近く、講演などのイベントと絡めて、手弁当で植樹をし続けてきました。「狭山」だけでも一千本以上の桜を植えて、完成の時とは全然違う環境になっていますよ。

「淡路夢舞台」の木は、関西国際空港の工事のために土砂を採った後の何もないところに二、三〇センチの木を植え、現在では一〇メートルになっている。今でも、機会を見ては木を植えています。国際会議場なんて、外壁がツタと花で覆われてしまっています。それを見ているだけで、現代美術を見るような面白さがあると感じるくらいです。

李禹煥美術館、エントランスコート

「近つ」も「狭山」も年間に一〇万人くらいの人が来てくれますし、「淡路」のホテルは関西でも有数の稼働率だそうです。そうやって時間を掛けて関わっていくことを、私は強引にやっている（笑）。みんながそれをする必要はないと思うけど、あまりに建築家は竣工時までの意識しかないのではと感じます。建築メディアも、基本的には建物ができた時しか写真を撮らないでしょ。

——今の建築のつくられ方は、経済性重視で、短期間で資本を回収し使い捨てされる「ファスト建築」とも言われます。

安藤　大量生産の工業製品と同じように、なるべくフリーメンテナンスで綺麗さを保てる高性能の建物をつくる。時代的にも、技術が発展してより良いものができることは必ずしも悪いことではないし、ひとつの考え方としてあると思います。でも、それとは違う考え方があってもいい。むしろ、いろいろな考え方がないといけないと思うのです。

私は基本的に以前から、「建築は自分の敷地の中だけで考えるのではなく、周りの環境やそれが建っている町のことまで考えるのが自然じゃないか」と言ってきました。もちろん、建築家である以上、建築自体の魅力、美学の追求は非常に重要です。建築デザインだけにとにかく集中して、凄くレベルの高いものを生み出すことのできる人や、最先端の思考を切り開くことができる人もいる。でも、私は鈍くさいから、初めから地道にやってい

右は、完成直後のなぎさ公園（手前）と兵庫県立美術館（奥）。左は、緑が成長してきたなぎさ公園

こうと考えていました。
木を植えることは一九九五年の阪神淡路大震災の後に、「ひょうごグリーンネットワーク」という活動の呼びかけ人になって多くの人に協力してもらい、三〇万本の木を被災地に植えたのが始まりですし、考えてみれば、四〇年前に神戸、北野町の異人館の保存運動に関わったことが、基本姿勢になっています。

――時間を積み重ねながら、建築を取り巻く環境全体が整えられていく。本来、建築も齢を重ねて、古びたり、それに対して手を入れていくものだと思いますが……。

安藤　まあ、簡単に言ってしまうと面倒くさいんですね（笑）。現代では、そうやって手が掛かることがいいとは単純には言えない。でも、ゆっくりやる人があまりにいないでしょう。私たちは「直島」や「近つ」だけでなく、今も「兵庫県立美術館」（二〇〇一年）の周りでもやっていますし、「司馬遼太郎記念館」（二〇〇一年）でも隣の敷地を購入し、拡張した庭を設計しました。そうすることでランドスケープは確実に良くなったと思う。建築も、樹木と同じように育てていかないといけないと思っているんです。

右は、完成直後の司馬遼太郎記念館。左は、木が植わり、育っていく司馬遼太郎記念館

人の関わりを生む仕掛けとは

安藤　これまで幾つかのプロジェクトに継続的に関わってみて、中国でも韓国でも、私のところに依頼に来る人は、自分の町を時間を掛けて町と人、文化が重なり合っていくような「芸術村」みたいにしたいという気持ちでくるわけです。単体の施設をつくるというより、庭や環境を含めて考えて欲しいと。

――韓国では、国家政策として産業も都市も「デザイン」をキーにして発展させ、それを海外に輸出する武器にしようとしていますよね。

安藤　そうですね。今の経済状況で、ヨーロッパでも大規模のプロジェクトは減ってしまい、私たちが関わっているものも小さな計画ばかりですが……。ヨーロッパの人も、ランドスケープというか、建築環境とでもいう一体になったものをつくりたいと思って依頼する意識は同じだと感じます。

――そういう意識がないのは、日本だけ？

安藤　うーん、どうでしょうか……。いずれにしても、エネルギーがいりますよ。

今年の夏は暑かったでしょう。だから先週も、大阪の「平成の通り抜け」にスタッフ全員、事務所を休んで水やりに行きました。もちろん、メンテナンスをしてくれる人はいますが、お役所仕事で決められた形でやるわけですから限界があります。それでは今年の夏は乗り切れないと思い、何度か行きました。

やはり、自分が関わったものは気になるんですね。もっとも、うちの事務所のスタッフでも、そういうことに無関心な人もいますよ。でも、うちでは私が親分ですから、やらせることができるわけです。

——海外で考える建築環境は、直島や大阪、神戸などで考えてきた環境と同じでしょうか？　特に中国などでは、新開発地に一からつくったり、規模が全く違ったり、全く意味合いが違うようにも思います。

安藤　いや、一緒だと思います。新開発地でも、ランドスケープ、建築を取り巻く環境や町はあるわけですから。

例えば今、上海の新都心でオペラハウス（「上海保利大劇場」）をつくっていますが、大阪から桜を二〇〇〇本寄付しようと言っています。そうすることで、大阪と上海の気持ちが交流すると思うんです。同じように北京でも海南島でもやろうと（笑）。

「同じことをやって」と言われそうですが、文化交流というか、人の繋がりを生み出すきっかけになる意味のあるものを植え、それが手の掛かるものだったら、気になって育てるじゃないですか。

――単なるオブジェクトではなく、時間で変化するものをプロジェクトに入れ込むことで、人や場所の繋がりをつくり出すと。

安藤　そう思っています。もちろん私も、そういった広がりや建築の周囲だけじゃなくて、建築自体の自立した美学にもこだわりたいと思っていますよ。両方とも力を入れて取り組まないといけないと思っています。

大事だと思うのは、みんなを巻き込んでやっているということです。瀬戸内のオリーブ基金でも東京の「海の森」でも、私たちもボランティアで協力するし、何十万人という多くの人の募金や協力があってこそなんです。そこで、自分が関わり、お金を出して植えた木がこんなに大きくなったと感動する。そういう意味では、綺麗にデザインする対象としてのランドスケープというものとは、ちょっと意味が違います。

「アメリカン・ランドスケープ」と呼ばれるようなランドスケープ・デザインは彫刻みたいで、外から眺めて、作り手と鑑賞者がはっきり分かれて心が遠いように感じます。私は、自分の建築が割とマッシブなこともあると思うけど、「ランドスケープの彫刻」とはぶつかり合ってケンカになってしまうように思う。だから、建築は建築の自立した形であって、自然は自然の形のまま参加すればいいと思っているのです。私にとっては、ランドスケープという「形」は要らない。

——安藤さんにとってランドスケープは、他の人が関わるきっかけでもあるし、建築を周囲の環境と関わり付け、周囲に働きかける役割を果たしているようです。

安藤　ただ、それには時間が掛かると思います。クライアントも含めて、強い思いも要りますね。

例えば、直島では福武さんの瀬戸内に対する強い思いがあって、その活動が豊島や犬島に広がっています。逆に、そこを訪れる人も思いがないと、なかなかあんな交通の不便な島に行けないと思うのです。そのように、便利でない良さが魅力になってくるわけです。その意味では、イベントが行われて、島々に人がたくさん来てくれるのは嬉しいけれども、特に以前からよく知られていた直島などは、あまりにも多く人が来すぎていますね(笑)。せっかく静かなところに来たと思ったのに、人だらけではしんどくないですか(笑)?　そこは難しいところですが、どう考えるかですね。

「近つ」や「狭山」も遠いから、それほどの人が来るわけでないので、来た人にとっては静かでちょうどいいと思います。一〇万人も来たら充分。むしろ、商業的に多くの人を呼ぶのでなく、地元の人たちが建物に関わってくれて、自分たちのものだと思ってくれるようになってほしいと考えているのです。

――これまでも周辺環境との関係や、敷地内の既存建物や樹木の活かし方などで、「対話」や「対比」というキーワードを挙げられてきたと思います。

例えば、二〇一〇年の「GA JAPAN」展で紹介させていただいたプロジェクト、「bONTE MUSEUM」では、韓国の伝統芸術と現代美術、二棟に分かれた美術館の配置をひとつにつなぎ合わせるものとして、韓国の伝統的な塀を、建築環境の重要な要素としてつくられていました。かなりはっきりした形で伝統的な要素を使われていて、安藤建築単体の美学としても、新しい試みではないですか?

安藤　そうかなあ。同じだと思います。これまでも様々なところで、レンガの壁や石の壁を、元から建っているものも使い、再利用したり、新たに付け加えてきました。いずれにしても、場所の持っている個性や歴史が、新たに付け加える建築と上手く重なり合うことを意識してきました。

――建築にあまり期待されない、建築が相手にされなくなった社会状態を考えると、環境全体で考え、環境や建築に手を入れ続けるという意識は重要だと感じます。今の変化した社会状況に対して、安藤さん自身は、変えていかなくてはいけないこととか、やりたい

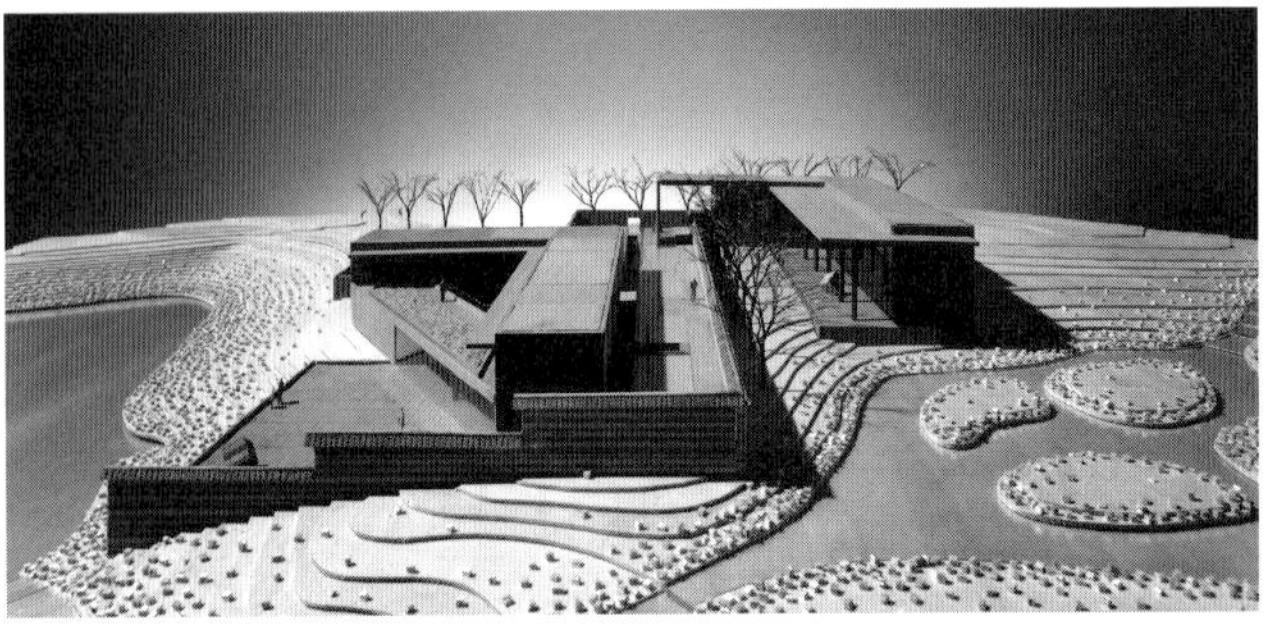

bONTE MUSEUM。韓国の伝統的な土塀沿いのアプローチを介して新旧の美術品を収める棟が並置される

ことについて考えていますか?

安藤　いや、変わらないといけないとはあまり考えていません。マイペースですね。建築家はそれぞれの能力があるから、それを考えて自分なりの方法を考えるしかないと思います。私たちのようなやり方もあるし、そうでない方法もある。

ただ、建築家はデザインするのが好きでしょうが、あまりにそれだけだと趣味と違いがなくなる恐れがある。若い人を見ていると、それはちょっと困るなと思いますね。

境界を越えていくこと

二川幸夫との対話

建築にとって敷地とは

二川　安藤さんは、これまで「TIME'S」や「直島」、「淡路」などいろいろやってこられてきて、今も北京や上海をはじめ、世界中の仕事で、「自然」との関わり合いを考えられていると思います。それについては、既に話されていると思うので、ここではこれまでの作品を踏まえつつ、今、そして「これから」について考えられていることをお聞きしたいと思います。

安藤　まず今の日本社会について考えてみると……。二〇一一年三月の東北の地震で危機的状況がさらに明らかになったというか、まあ苦戦していますよね。政治はリーダーシップが発揮できず、国民を安心させるような思い切った発言もない。官僚機構は相も変わらぬ縦割り主義で連携が上手く取れない。そして私たち市民も、戦後の民主主義のおかげで、平均点は高いかもしれないけれど、もう一歩踏み込まない思い切りの悪さみたいなものがあって、今一つ伸び悩んでいる。ときにリスクを覚悟の上で、自ら動いて勝負をするといった気概が今の日本人にはないんですね。そういうことが重なり合って、なかなか物事が進まないようです。

私は震災復興会議に参加しているのですが、国全体、あらゆることを速やかに決めていかなくてはいけない時に、どこの管轄だ、どこの担当だという話ばかりで、なかなか前に進まない。境界を超えて助け合うという当たり前なことができないんです。途中、「復興会議として、国が具体的かつ思い切った政策を発表するべきだと提言しましょう」と言いました。現地の支援、食糧問題、エネルギー問題……。いろいろと取り組むべき課題はありますが、社会の状況や国民の心情を考えて、まずはエネルギー政策について、早急に国としての意思を示す必要があると思いました。

例えば、日本のエネルギー供給の約三割を占める原子力について、今後二〇年、二〇三〇年までに、現在供給エネルギーの一%しかない自然エネルギーを七・五%にする。さらに、七・五%分を省エネルギーで消費量自体を減らす。そうすれば、十五%分の原子力発電は止めることができるじゃないですか。達成するのは簡単ではありませんが、全く不可能という数字ではないですよね。国が今すべきは、必要なエネルギーは確保する、確保できるというメッセージをはっきり出しておくことだと思うんです。そこがはっきりしなければ、ものをつくる企業はみんな日本から出ていってしまいますよ。すると、雇用もなくなり、税金もなくなる、という悪循環に陥ります。

しかし、復興会議は、大きなヴィジョンを話し合う場であり、具体的な話まで踏み込む場ではないと言われてしまいました。具体的な目標を示してこそのヴィジョンですし、国民も企業も、それをこそ聞きたがっていると思うんですが……。

二川　ぼくが最初に日本を出ようと考えた背景も、今、あなたが言われたような状況があったと思います。日本では、実際に自分の目で見て、考えて、自由に自分なりのやり方を展開していく……。つまり、ぼくのように「やり過ぎる」人間は嫌がられますよね。それはぼくが二〇代に活動を開始した一九五〇年代と変わっていないし、むしろ悪い方向に進んでいるようにも思う。

ぼくは弘法大師、空海が好きで、よく彼の話をするのですが、他の宗教家との最大の違いは、彼は若い頃にいろいろなところを歩き回っていますね。そして、自分が体験したことだけを宗教化している。だから説得力があって、その足跡が八八ヶ所巡りのような形で現代まで残って、再体験されていると思うのです。

そこで、先ほどの安藤さんの話に戻れば、国のリーダーと言われる政治家や有識者たちは、日本を知らなさすぎると思います。特に東北に関しては。

安藤　私は建築家ですから、抽象的な理論と同時に、やはり現実の場所からの発想というものに重きを置きます。物事を引いた目で見つめる、全体的な視点も確かに重要ですが、その一部分としてある現場だからこそ、見えてくるものが確かにありますよね。

例えば、一九八〇年代の終わり頃に「サントリーミュージアム」の設計に取り組んでいました。「サントリー」は、大阪南港のウォーターフロント開発として進められた「天保山ハーバービレッジ」の一角にあります。高度経済成長期以降、海沿いは企業の工場や倉庫、港湾施設といったものに占拠されてきたわけですが、八〇年代くらいから工場は海外に移転するなど産業構造も変化し、商業開発が進められるようになっていました。元々、天保山は江戸時代に、大阪

サントリーミュージアム+マーメイド広場

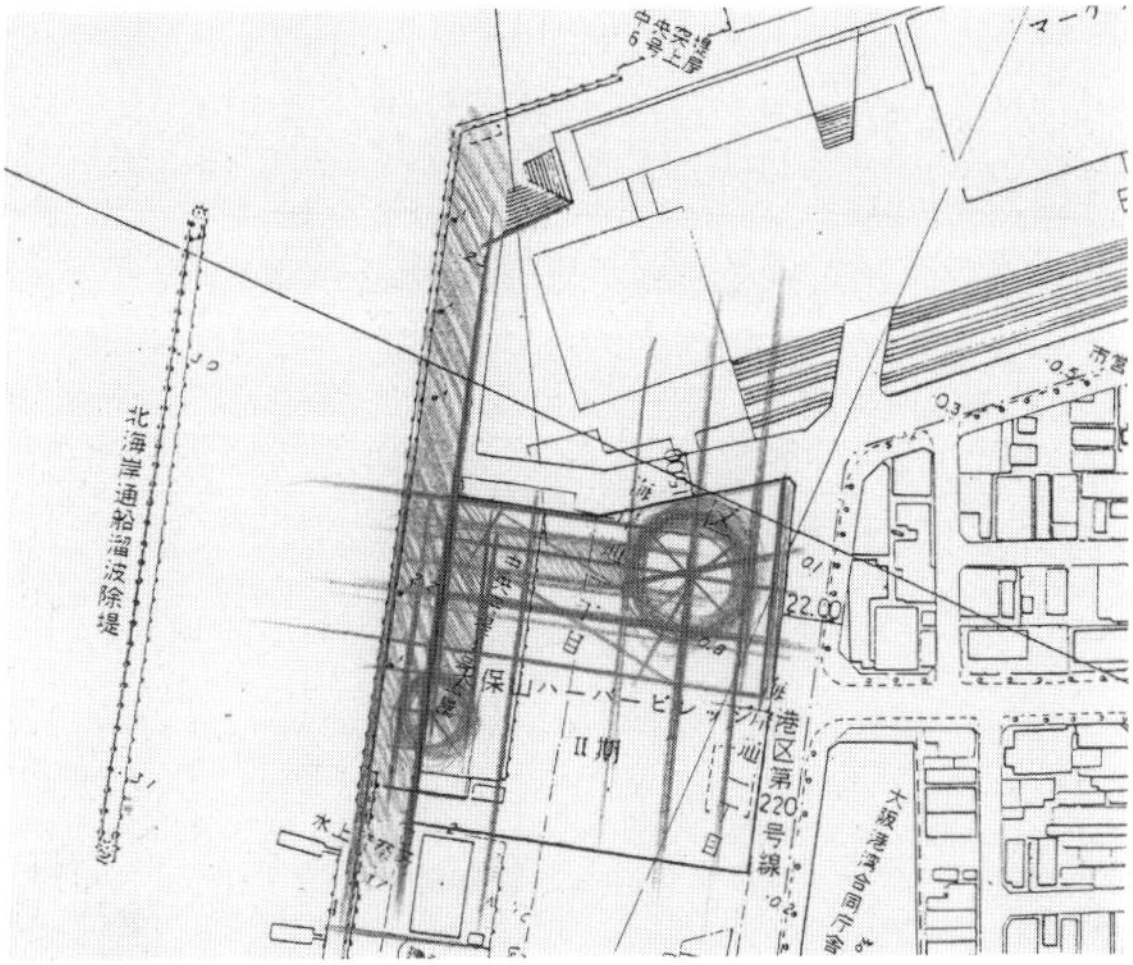

サントリーミュージアム＋マーメイド広場。一体の水際環境を考える

マーメイド広場、スケッチ。段状に海に向かって降りていく広場
コンクリートの列柱がやわらかく領域をつくる

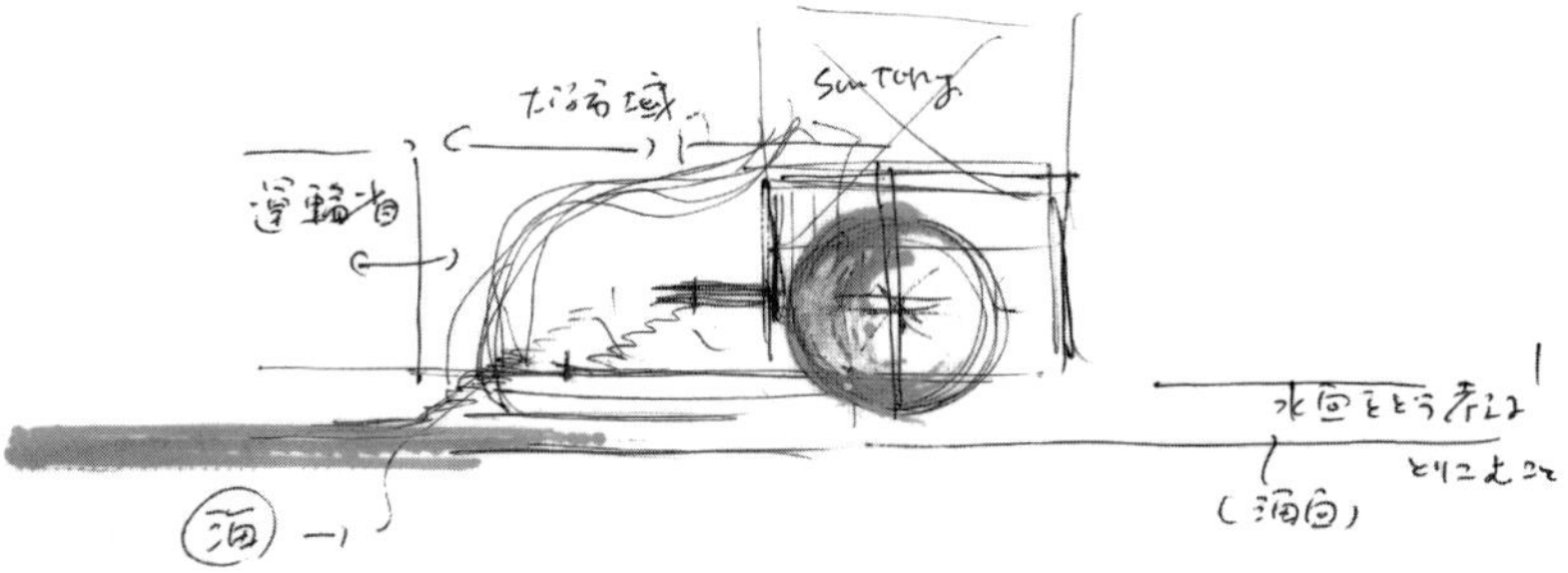

サントリーミュージアム＋マーメイド広場、スケッチ。水面をどう味方に付け建築に取り込むか。境界を越えた思考

港に大型船が入港しやすくするために海底の土砂を浚渫して積み上げた山で、市民の行楽地でした。だから、水際の「サントリー」の敷地で、立地の魅力を活かし、周辺環境を建築の味方に付けることを考えたのは、自然の流れだったと思います。美術館に人々が集まってきて、西側の大阪湾に太陽が沈んでいく情景を楽しむイメージが最初からありました。

しかし一方で、かつて近代化や経済発展のために海際を整備してきた制度的な枠組みは、相変わらず残っているわけです。実際、大阪港の一部として、民間の敷地は海に直接面しているわけではなく、敷地と水際線の護岸の間は大阪市の所有、海上は国＝当時は運輸省が管理していました。その行政システムの中で、海と生活の距離をもう一度近づけることは、現実的に不可能でした。それでもあきらめずに大阪の水際空間のあり方として、海上も含めた公共空間全体の再編を提案し、その実現のために走り出したんです。クライアントの佐治敬三さんの励ましが、背中を押してくれました。結局、私たちのプロジェクトに賭ける強い思いが通じたのか、計画はほぼ当初の構想通りに実現しました。

考えてみれば、建築を考えていくプロセスで、それを取り巻く環境に意識がいき、境界を越えていくなんて当たり前とも言える。それが実現できるかどうかはともかく、そうして境界を越えるイメージを、一つひとつ提案することが、建築の設計者の仕事なのではないかと思うのです。しかし、そうした部分では、あまり建築家は機能してこなかったのではないでしょうか。

神戸の六甲山ですが、あれは一〇〇年前は燃料のために木が伐採されていて、ほとんどハゲ山だった。藤森照信さんから聞いた話では、フランク・ロイド・ライトが芦屋の「山邑邸」の設計で訪れた時に「アリゾナと同じ風景だ」と言ったらしい。それが明治以降の人工的な植樹によって、今日のような緑の山となるまでに生まれ変わりました。こんなスケールの大きい仕事を、たった一〇〇年前の日本人が成し遂げているわけです。六甲山の緑の山肌を見るたびに「あの植林に比べたら、自分の建築の提案など大したことではない」と励まされる(笑)。自分も思いきって挑戦すれば、何かできるのではないかと……。小さいものでは「TIME'S」、大きいものでは「淡路夢舞台」や「兵庫県立美術館」、「サントリー」など、いくつかの仕事で、制度的な問題や、建築の枠組みを超えるようなアイディアをいろいろと提案してきました。どれも設計以外の部分での苦労が大きかったですが(笑)。しぶとく食らいついていったおかげか、意外と実現までこぎ着けましたね。「サントリー」でも、幅一〇〇メートル、奥行き四〇メートルの海に向かって降りていく階段状の親水広場(「マーメイド広場」)を実現することができました。

建築という仕事の未来を考えるならば、今、日本で考えられているより、もうちょっと社会に根ざしながら、その一方でもうちょっと個々の思い切った発想、つくり手個人の「野生」といったものが発揮されるようでなくてはいけないと思うのです。

「野生」とは、既成の概念にとらわれず、ときに自分の感性を信じて、突っ走る勇気と行動力ですよね。日本は戦後の教育の中で、人間の持っている怒りや喜びといった「野生」を軽視してきた。いわば牙を抜かれた動物と同じです。だから、建築でも、洗練された綺麗なデザインはできるけれど、人の心に触れる、一歩踏み込んだ「危険を伴う」提案の建築が少ない。今後の震災復興の展開を考える上でも、このことは大きな問題になると感じていますね。

二川 ライトの話が出ましたが、建築家で「自然」に目を付けたのはライトだと思います。ぼくは、一九六〇年前後からライトの建築の写真を撮り始めましたが、彼の自邸と事務所が一緒になっている建物や「タリアセン」(一九一一年〜)など、一九〇〇年前後のライト第一次黄金時代の傑作は、すでに六〇年近く経っていたわけです。当然、その六〇年で周囲の木が成長するのですが、彼の自然に対する読みは天才的で、住宅にせよオフィスビルにせよ、時間を経た風景が最初からきちんと計算されている。自然を利用する、建築が自然と一体になるという意味では、ライトが一番だと思います。

安藤　一九六五年に初めて、ライトの本拠地、「タリアセン・ウエスト」（一九三七年〜）に行きました。あちこちにサボテンが点在して生えている砂漠の中で、緑や地形に合わせて増築していった、文字通り「生き物」のような建築ですよね。その成長している建築の姿に、通常の現代建築にはない、建築本来の圧倒的な生命感を見たように感じました。同じ時に、「落水荘」にも行ったのですが、正直、それまで写真で見た感想としては「デザインとしてはすぐれていても、滝の上に家が載っていたら生活にとってはわずらわしくてしょうがない。機能的にはおさまっていないのだろう」と思っていました（笑）。でも、家の中にいて、周囲の豊かな森を感じながら、水の音が聞こえてくる。そのダイナミックな建築を実現するサイトの選び方は説得力があると同時に、なんと勇気ある決断だったのだろうと感銘を受けました。これこそが人間の「野生」が生んだ建築ですよね。その根っこにあるのはやはり、ライトの建築に対する誰よりも深い愛情だったのだと思いますが……。

すぐれた建築というのは、その場所を訪れ、空間を体験した人が、「建築で、こういうことができるんだ」と可能性を感じることができるものですよね。私もライトやコルビュジエの建築に触れながら、建築の可能性を感じ、そこに自分も挑戦してみようと勇気づけられました。

特に、ライトの仕事からは、建築の持つサイトをどう考えていくか、地形が語りかけてくるものをどう読むか、という場所に対する建築の関係の取り方みたいなものを学びましたね。そして、自分も建築の設計をやっていくならば、他の人たちがそれを体験した時に、「この場所にこんな空間ができるのか」と驚きと感動を与えるようなものをつくりたいと思って、設計活動を続けてきたわけです。

二川　今でこそ、ライトはアメリカを代表する建築家ですが、ぼくが一九五九年に「タリアセン」に行った頃、アメリカでも東海岸の人たちはほとんどライトのことを知りませんでした。彼がどうしてあれほど素晴らしい仕事を残したかを考えると、やはりその土地のことを深く理解しながら仕事をしたローカル・アーキテクトだったからだと思います。「タリアセン」にしても、本当に何もない土地をびっくりするぐらい安い値段で買って、土地自体を開拓するようにつくっていった。同様の仕事の質を、フィンランドのアルヴァ・アアルトにも感じます。

環境から人々が感じとるもの

安藤　人が生活している地域と自然との関係は、その土地ごとに違いがありますし、非常に重要だと思います。例えば、都市の中での自然のあり方。それは人間が手を入れて長い時間を掛けて関係を成立させてきたものであったり、時には一からつくっていったものです。それは、大自然とは違うし、「人工的な自然」とでも言えるものです。

例えば、初めて東京に来た時、表参道を通って、丹下健三さん設計の「国立屋内総合競技場（現代々木競技場）」を見たのですが、隣の明治神宮の森に「東京の真ん中にこんな豊かな自然があるのか」と感銘を受けました。その頃の私は全く知らなかったのですが、後に、明治天皇崩御後に、新たな神社を造営するということで、国のお金の他、民間の寄付金や数多くの献木を元につくり上げられたと知りました。何より当初から一〇〇年掛けて、自然林に移行するよう計画されていたことに驚きました。

それを計画した近代造園学の設計者たちも含めて、日本人があれだけの森をつくり上げたことに誇りを感じますし、この自然に対する愛情を考えると、ニューヨークのセントラル・パークとは異なるスケールの大きさがあると思いました。つまり、ただぼうっとある大自然の森ではなくて、都市の中の自然として、人に訴えかけるような自然を自分たちがつくることができるのではないか。それは、人間一人がつくり出せるものでなく、みんなでひとつになってお金を出したり、ボランティアで働いたりしながらつくり上げていくのだということが、強く心に残ったのです。

片方で、先ほどのライトの仕事のように、ひとりの建築家の勇気が、次の時代の後輩たちに与えてくれるものも計り知れないわけです。言ってみれば、「こんな凄いことを考えた人が、先輩にいる」という感覚。

ライトと明治神宮という、全く無関係に見える二つの話を例に挙げましたが、こういった建物や風景、建築家の仕事に触れていく中で、環境それ自体もつくり出すことができる建築家の可能性や責任を感じるようになったのです。「自分たちのしていることは社会にとって意義のある仕事なんだ」ということを信じて、ある意味で「覚悟」を持って、ずっと活動してきたように思います。

二川　安藤さんには話したことがあると思いますが、ぼくが民家の撮影を始めたのは、日本地図を見ていて、具体的に知っている場所がほとんどなかったからなんです。何をするにも、まず知らないところを見て勉強していこうと考えた。それが世界に広がっていったわけです。

今振り返って、良かったと思うのは、建築もたくさん見てきたけれど、同時にそれを取り巻く自然や環境も実際に体験していく中で、身をもって理解できたことです。例えば、大阪の淀川とニューヨークのハドソン川の違い。そのような形ではない環境の成り立ちみたいなものが、最近ようやく分かるようになってきました。

ぼくは昔、安藤さんに「自然はタダだから、使った方がいい」と言ったと思うのですが……。あなたは、それを具体的に体系化して、どんどん実現されていますね。それは、未来につなが

銀閣寺(慈照寺)、雪の銀沙灘

る大切な発想になっていると思います。

安藤　今年の正月に京都の銀閣寺に行って、あらためて日本の「庭」の素晴らしさ、建築のサイトの大事さを感じたのですが……。その時に、時々立ち寄る三十三間堂にも行きました。この造営に尽力した平清盛は、広島の宮島にある厳島神社もつくっています。私は二〇代の始めに宮島を初めて見ましたが、非常に感動しました。海を取り込み、山を取り込んだ全体の構成。そこに高さ約十六メートルの大鳥居を通って、海からアクセスする。そんなことを考えた人間が過去にいるわけです。このスケールの大きさが、日本人の持っている自然観を象徴している。こうした先人がつくり出してきた環境によって、現代の私たちの想像力が影響を受けている部分は確かにあると思いますね。そういう意味で、私の中に棲み付いていったものが幾つもありました。

例えば、東大寺の南大門も、今なお多くの人を引き付ける伝統建築の傑作ですよね。私も、このダイナミックな造形に大きな宇宙を感じますが、一方で千利休による大山崎の待庵のように、わずか二畳のスペースに、無限の奥行きを秘めた小宇宙を感じさせるものもありますよね。すぐれた建築の空間は規模の大小によらず存在するんです。ただ、東大寺の場合は、その空間的なスケールや架構もさることながら、私は重源という人が日本中を廻って勧進をしながらお金を集めて、この巨大なものをつくり上げたということに興味がありました。単純に、あの大きな柱は山口県から運ばれたという話を聞いて、どうやって運んだんだろうと不思議に思った（笑）。一〇〇〇年近く前に、あの大木を奈良まで運ぼうと想像力を働かせた人たちがいて、また多くの人のお金と力が集まって、それが実現した。建築というものは人々に大きな力を与え、可能性を感じさせることもできるけれど、それには多くの人を巻き込んでいかないとならないんですね。そうして人々を巻き込むためには、時に思い切って実行すること、ある意味で暴力的に進んでいくことも必要です。「もしかすると上手くいかないかもしれない」そのリスクを自分が引き受ける覚悟で頑張らなくてはいけないと。

厳島神社

都市と自然の中の「人間性」

二川　人を巻き込んだり、何かを感じさせることというのは、ある意味で非常に人間的なものだと思うのです。建築や環境というものは、当然、人間的な部分が大きいと思いますが、今、都市はもちろん、もっと大きい話としても、「川の美しさ」、「木の立派さ」、「草の艶やかさ」といったことを感じなくなっていますね。

安藤　住むためにつくった人工的な都市の中に、人間が実際に住んでいる感動みたいなものが、どんどん薄れていっていると感じます。建築でもコンピュータの進歩のおかげで、ある程度簡単にレベルの高い、綺麗なものをつくることができるし、あるいは非常に精密に計画していくこともできます。しかし、それは魂を揺さぶるような感動とは、また別の世界だとも感じる。人が環境をつくり上げていくことの感動みたいなもの。建築とある意味で人工的な自然とが、都市の中でぶつかり合いながら新しい世界を生み出す。私がつくる建築の背景にあるのも、そんな喪われた都市の自然を取り戻したい、という意識だと言えます。そのような意識が生まれた理由は、やはり大阪の町にあるのかもしれません。小さい頃から当時日本一と言われた銀橋を見て、中之島で公会堂や図書館を見たり写生をしていた。それらは全て市民の寄付でできているわけです。同時に、昔の市長関一が計画した御堂筋も見ながら、「大阪の人間はなかなか良いところがあるな」と感じたり、誇りに思ったりした。そのように、そこに住む人々が誇れるものをつくらなくてはいけないという気持ちがあるんですね。自分が建築をつくる前提として。

二川　安藤さんの建築の人気は、今まで話してきた人間性や自然観を、あなたのコンクリートから世界中の人が感じるからじゃないかな。普通、コンクリートは「人間性がない」と批判されるけれど、安藤さんの建築は、人間が空間をつくり上げる「人間性」を表現している。

今日、安藤さんに会うので、あらためて屋上庭園について考えてみたのです。その概念をつくったのはル・コルビュジエですが、彼の建物で屋上庭園として成功したものは少ないですね。植木などがあったり、非常に格好良くできていたりするけれど、何か寒々しくて、生き生きとした生活は感じられない。それは「サヴォァ邸」もそうだし、壮大なアパートの計画を見ても、

「ここには、できるなら住みたくない」と思うくらいです（笑）。屋上庭園ではないけれど、ライトの住宅に取り込まれた自然とはまったく違うものですよね。

ところが、安藤さんの屋上庭園には、ライトの扱った自然への対応と似た質を感じる。例えば、「六甲の集合住宅」の一番上には住んでみたいと思う。上手く理屈で言えないんだけど、何か生活する上での安心感みたいなものを感じます。一方、今の多くの建物にはあまり安心感を感じられない……。それは世界中の安藤ファンが、感じているんじゃないかな。

そういう意味では、安藤さんの建築の持っている、場所との関係性や、今言った安心感は、実際に見に行かないと分からないものです。

安藤　建築を通じて、都市やその中の自然、環境ということに関わっていくと、それを見たり体験することで、人に刺激やショックを与えることができるのでは、と思います。最近、大学などに講演に行くと、「八〇年代以降生まれのヤツはあかん」という話をよくするんです。彼ら一人ひとりが実際にダメかどうかは分かりませんが、非常に経済的に豊かな中で、人数的にも少ない子どもが可愛がられて育ってきたことは事実でしょう。何事も自分たち自身でする機会が少ない、自分で考えることのない状況に置かれてしまったわけです。それで、波風を立てて奮起してもらおうと思って、先ほどのような発言をするのですが……。後でインターネットとかで反論しているかもしれませんが、その場では反応がありません。

でも、この人たちが将来の日本を支えていくわけです。それは間違いない。ならば、彼らに刺激を与えたい、伝えないといけないことがあると思うわけです。私は建築家ですから、言葉では上手く伝わっていないかもしれないけれど、何よりも自分の仕事で働きかけていきたいと思う。

京都の都ホテル、今はウェスティン都ホテルといっている中に、村野藤吾さんが設計した「佳水園」がありますよね。先日、そこを上がっていった華頂山から、京都の町を一望する機会がありました。山に囲まれた京都の地形がよく分かり、「なかなか良いなあ」と思いました。同時に、どうしてもっと、京都の良いところをきっちり残せなかったのかとも感じた。上から見るとよく分かりますが、町は虫食い状態に大きな建物が建ち、京都の良さがなくなっているわけです。結果的に、そこに住まう人々にとっても、地元の経済力も含めて、何か大切なものの力が失われているのではないか。

こうした都市の発展の方向性を決めるような話は、強いリーダーシップがないとなかなかまとまらないものです。日本人は協調性を重んじて、個性の強い腕力のある人を嫌うとも言われます。でも、今の社会では腕力も重要なのではないかと思います。

そういうことを考えると、直島で福武總一郎さんがずっと力を注いできて、私も含めて多くの人を引っ張っていったことは、やはり凄いことだと思いました。二〇一〇年には、直島だけでなく家島、豊島、犬島など周辺の島々も含めて芸術祭をやられた。結果は、一〇〇万人近い人々が来て、大成功だったわけですが、やはり地域の環境と現代美術を同時に考える福武さんの姿勢と、その実現にかける情熱みたいなものにみんな共感したと思うのです。その時にも、各島をつなごうと思っても、漁業権など既存の枠組みの中で、定期的な船以外は通せないということが分かったりしました。ある意味で、地方も既存の制度でがんじがらめになっているわけですが、福武さんの思いでそれを越えていったと思います。瀬戸内では、既に何度か展開してきた越後妻有の芸術祭とも助け合っていました。これまで考えてきたことを踏まえて、今、地域型の芸術祭を、東北までぐるりと廻していけないかと考えられているようです。

福武さんを見ていると、今日の日本の停滞状態を打破するには、言葉や理論だけでなく、強い思いと行動力を持って、境界を越えていく試みがあちこちで出てこないといけないのですが、それが一般にも受け入れられるようになってきているのではと感じますね。ヨーロッパなどでは、今は貧困や格差の問題も言われていますが、何世紀もかけて都市が形づくられてきました。それは今後につながっていく環境だと思うし、「この町に生まれて良かった」と思える「故郷」とでも言えるものがちゃんとつくられている。戦後、成長期の後、半世紀以上を経たわけですから、日本の都市もそろそろ、そうしたアイデンティティを持つようになりたい。そのために、既成の枠組みを打ち破るような強いアクションが、それぞれの都市に求められます。

最近は、アジアに行って仕事をする機会も増えました。経済発展の中で環境が大きく変わる中で、ここでも都市のあり方をよく議論せねばと思い、いろいろ提案もしていますが、私が日本人かどうかは関係なく、きっちり話ができると感じます。きっと彼らも、そういう話をしたいと思っているのでしょう。もし、日本が彼らより技術的に一日の長があるとすれば、一緒に建築をつくり上げる中で、アジアの都市のあり方を考えられるのではと思います。また、彼らの自然に対する哲学も含めて、アジアから学ぶことも多いと感じています。

現在は、建築を含めた社会全体が、進むべき道を模索している、非常に難しい時期ですが、ともあれ、私たち建築に関わる人間に求められるのが、より広い視点に立った「環境づくり」にあること、この事実に間違いはありません。そのために、建築はどうあるべきか。建築家はいかに働くべきか。それぞれの場所に異なる個性があるのだから、環境づくりのアプローチもそれぞれであっていい。私も、私なりの方法で、都市と自然に関わりながら、新たな環境創造につながる仕事を、今後も続けていきたいと思います。

無論、そうして「環境」をテーマとした仕事は、一人ではできません。私自身の日常を考えても、国内外で同時進行するプロジェクトの数々をフォローしてくれる二五人の事務所のスタッフたちがいる。事務所開設以来、ずっと一緒にやってきた四人と、彼らを支える数人の中堅スタッフ、それに三〇代前後の若い人たちがついて、一つのチームです。このチームの頑張りで、私も何とか忙しい毎日を乗り切れています。

さらに、植樹運動や遺児育英資金などの社会的な活動では、建築という分野を超えて、一般の人々に協力を募っていきますよね。建築を通じて、「都市」や「環境」といったことを考えるほどに、社会とのつながりの大切さ、意識を共有した時の人間の力の大きさといったものを痛感させられます。

つくづく思いますが、三月十一日の大震災は、先の見えない不安に包まれていたこの国をさらに追い詰める、決定打とも言える災害でした。この非常事態を乗り切り、復興へと向かうには、日本人が一丸となって頑張らねばなりません。結局、一人ひとりの意識、行動が、瀕死の日本が前へ進む可能性の光なんですね。私も、人々とともに、建築家として自分ができる精一杯を尽くすつもりです。こんな時代だからこそ、建築も今一度原点に立ち返って「人々に生きる喜びと希望を感じさせる」存在でありたい。そのように考えています。

[特記なき写真、図版、CG提供]
安藤忠雄建築研究所

[写真クレジット]
大橋富夫：p.70右上, p.149下
小川重雄：p.152上, p.161上
GA photographers
p.32, p.33下, p.44-45左, p.46,
p.62-63, p.73, p.75左, p.76-77左,
p.80-81上, p.82上, p.91, p.94,
p.105右, p.113, p.122, p.144右,
p.206右, p.207右, p.218-219上
二川幸夫：p.9, p.12-13, p.36-37, p.40,
p.41, p.54, p.55, p.57, p.95, p.98-99,
p.107左, p.112, p.114-115, p.116, p.118-119,
p.124-125, p.128-129上, p.132上,
p.133, p.136上, p.142, p.143右,
p.147, p.148, p.149上, p.150,
p.162-163上, p.166-167, p.173上,
p.188-189, p.228, p.231
田中克昌：p.38, p.39, p.92-93上,
p.173下, p.204, p.205, p.212

[初出]
環境に応える：『新建築』1977年5月号、新建築社
場を読む：『新建築』1987年5月号、新建築社
建築に対する文化を実感してつくる：
『GA JAPAN』100号
建築を育てること：『GA JAPAN』107号

安藤忠雄
1941年 大阪府生まれ
独学で建築を学び,
1969年 安藤忠雄建築研究所設立
1997年より東京大学教授
現在, 東京大学名誉教授

安藤忠雄　都市と自然

2011年9月16日発行

著者：安藤忠雄
企画・編集・インタヴュー：二川幸夫
アート・ディレクション：細谷巖
本文インタヴュー：山口真
撮影：GA photographers
発行者：二川幸夫
印刷・製本：図書印刷株式会社
発行：エーディーエー・エディタ・トーキョー
東京都渋谷区千駄ヶ谷3-12-14
TEL：03-3403-1581　FAX：03-3497-0649
E-MAIL：info@ga-ada.co.jp

ISBN 978-4-87140-675-8 C1052